HET CHOLESTEROL KOOKBOEK EN ACTIEPLAN

100 kleurrijke recepten om je tafel te verrijken met een gezond, uitgebalanceerd dieet

Aimee Brouwer

Alle rechten voorbehouden.

Vrijwaring

De informatie in dit eBook is bedoeld als een uitgebreide verzameling strategieën waar de auteur van dit eBook onderzoek naar heeft gedaan. Samenvattingen, strategieën, tips en trucs zijn slechts aanbevelingen van de auteur, en het lezen van dit eBook kan niet garanderen dat iemands resultaten exact dezelfde zijn als de resultaten van de auteur. De auteur van het eBook heeft alle redelijke inspanningen geleverd om de lezers van het eBook actuele en nauwkeurige informatie te verstrekken. De auteur en zijn medewerkers kunnen niet aansprakelijk worden gesteld voor eventuele onopzettelijke fouten of weglatingen die worden gevonden. Het materiaal in het eBook kan informatie van derden bevatten. Materialen van derden omvatten meningen van hun eigenaars. Als zodanig aanvaardt de auteur van het eBook geen verantwoordelijkheid of aansprakelijkheid voor materiaal of meningen van derden.

Het eBook is copyright © 2022 met alle rechten voorbehouden. Het is illegaal om dit eBook geheel of gedeeltelijk te herdistribueren, kopiëren of afgeleide werken te maken. Geen enkel deel van dit rapport mag worden gereproduceerd of opnieuw verzonden in welke vorm dan ook, gereproduceerd of opnieuw verzonden in welke vorm dan ook zonder de schriftelijke uitdrukkelijke en ondertekende toestemming van de auteur.

INHOUDSOPGAVE

INHOUDSOPGAVE 3
INVOERING 7
ONTBIJT 9

1. GRIESMEEL EN CARAMBOLE PANNENKOEKEN 10
2. GIERSTWAFELS 13
3. TOFU EN BOERENKOOL KLAUTEREN 16
4. COURGETTE TORTILLA 19
5. FRUIT EN QUINOA EIWIT HAVER 21
6. YOGISCH WORTELSAP 24
7. KOMKOMMER CHILI KOELERS 26
8. APPELGRANEN 29
9. TURKIJE ONTBIJT WORST 31
10. SNOWY DAY ONTBIJTBRAADPAN 33
11. ONTBIJTKOEKEPAN 35
12. ONTBIJT WRAPS 37
13. ONTBIJT QUESADILLA 39
14. PLANTAARDIGE OMELET 41
15. WORST FRITTATA 43
16. GROENTE FRITTATA 45
17. PASTA FRITTATA 47
18. ONTBIJT AARDAPPELEN 49

TUSSENDOORTJE 51

19. LOLLIPOP SOJA KIP 52
20. KIP MET YOGHURT 54
21. PITTIGE GARNALEN BEIGNETS 56
22. GEMBER KIP BITES 58
23. VIJGEN GEVULDE PEREN 60

24.	Bramen met paranotenyoghurt	62
25.	Kruidenballen	64
26.	Selderij snack	66
27.	Spirulina-ballen	68
28.	P, P en P snack	70
29.	Uiencrackers	72
30.	Gele bloemkool	74
31.	Sushi met paranoten	76
32.	Chili en walnotenrolletjes	78
33.	Sushi licht	80
34.	Texaanse kaviaar	82
35.	Vetvrije Aardappelchips	84
36.	Tortillachips met laag vetgehalte	86
37.	Dip van sjalotjes met laag vetgehalte	88
38.	Garbanzo Dip	90

HOOFDGERECHT 92

39.	Mungbonen en rijst met groenten	93
40.	Tonijn met gepeperde korst	95
41.	Risotto met bruine rijst	97
42.	Retox Nacho's	99
43.	Koepelvrije Pasta	101
44.	Gouden vis	103
45.	Zalm Crush Crunch	105
46.	Quinoa Tabouleh	107
47.	Gierst, Rijst en Granaatappel	109
48.	Spaanse kikkererwten en pasta	111
49.	Chili Sint-Jakobsschelpen in Kokosmelk	114
50.	Chili Vis met Chutney	117
51.	Griesmeel met Groenten	120
52.	Bieten-Wortel Ovenschotel	122

53.	Romige Amandel Kip	124
54.	Warm gekruid lam	127
55.	Pittige Garnalen in Kokosmelk	129
56.	Parsi Vis	132
57.	Wasabi Kip Tikka	134
58.	Romige Kip met Noten	137
59.	Griekse bloemkool	140
60.	Romige courgette pasta	142
61.	Courgette met pompoenpesto	144

SALADES 146

62.	Kool met cranberry	147
63.	Pittige Groente Salade	149
64.	Salade van rode biet en tomaten	151
65.	Salade van kool en granaatappel	153
66.	Wortel-granaatappelsalade	155
67.	Komkommer-pindasalade	157
68.	Salade van komkommer, tomaat en yoghurt	159

SOEPEN 161

69.	Zonnewende Aardappelsoep	162
70.	Bietensoep	164
71.	Karnemelk en Kikkererwtensoep	165
72.	Gemengde Dalsoep	167
73.	Koepel-rustgevende soep	169
74.	Hele Mung Soep	171
75.	Gouden Kurkuma Bloemkoolsoep	173
76.	Pittige Gember Noodle Soep	176
77.	Immuniteit Soep	179
78.	Spinaziesoep	181
79.	Energiesoep	183

DESSERTS 185

- 80. JOHANNESBROODMOUSSE MET AVOCADO 186
- 81. MOERBEI APPELS 188
- 82. BOSBESSEN EN GRIEKSE YOGHURT MUFFINS 190
- 83. PITTIGE WORTELTAART 193
- 84. CRANBERRY CRÈME 195
- 85. MAKKELIJK APPEL DESSERT 197
- 86. APPEL TAPIOCA 199
- 87. ZOETE AARDAPPEL PUDDING 201
- 88. GEBAKKEN APPELS 203
- 89. HONING GEGRILDE APPELS 205
- 90. APPELTAART 207
- 91. TAARTKORST MET VERLAAGD VETGEHALTE 209

KRUIDEN EN KRUIDENMENGSELS 211

- 92. VETARME WITTE SAUS 212
- 93. VETARME KAASSAUS 214
- 94. TOFU MAYONAISE 216
- 95. ROMIGE CITROENSAUS 218
- 96. ROMIGE KIPPENSAUS MET VERMINDERD VET 220
- 97. KWARKSAUS 222
- 98. CABERNETSAUS 224
- 99. GEROOSTERDE RODE PEPERSAUS 226
- 100. VETVRIJE FAJITA MARINADE 228

CONCLUSIE 230

INVOERING

Tegenwoordig lijkt het alsof het onderwerp van het verlagen van je cholesterol op ieders lippen ligt. Je ziet er artikelen over in je lokale krant en advertenties voor medicijnen op tv, en het is een veelvoorkomend gespreksonderwerp geworden. Misschien kijkt u naar dit boek omdat uw arts u heeft verteld dat uw cholesterol 'hoog' of 'borderline' was. Het lijkt erop dat termen als deze de hele tijd worden weggegooid. Misschien heeft u al andere hart- of vaatproblemen die kunnen worden verergerd door een verhoogd cholesterolgehalte. Of misschien probeert u gewoon een hart-gezond dieet te volgen.

Zoals we hebben gezien, zijn er een aantal factoren die bijdragen aan uw cholesterol en de algehele gezondheid van uw hart. Over sommige, zoals genetica en leeftijd, hebben we geen controle. Maar anderen doen we. Als het erop aankomt, zijn er drie belangrijke dingen die we kunnen doen om het cholesterol te verlagen. Een daarvan is medicatie, en dat is iets om met uw arts te bespreken. Een andere is oefening. Studies hebben aangetoond dat regelmatige lichaamsbeweging cholesterol kan verlagen en het risico op hartaandoeningen en beroertes kan verminderen. Mijn cardioloog raadt aan om minimaal 30 minuten per dag te wandelen. Het is allemaal niet zo moeilijk, maar het vraagt wel een commitment.

De laatste factor is voeding. En dat is de reden van dit boek. Er zijn een aantal dingen die we kunnen doen vanuit een voedingsoogpunt die kunnen helpen. Het eerste dat hand in hand gaat met lichaamsbeweging, is om uw juiste lichaamsgewicht te behouden. Overgewicht is een bekende risicofactor voor hart- en vaatziekten.

De tweede, zoals eerder vermeld, is om de hoeveelheid verzadigd vet in uw dieet te beperken. Het goede nieuws is dat voedingsetiketten nu verplicht zijn om de hoeveelheid verzadigd vet te vermelden, dus het is vrij eenvoudig bij te houden. Maar verzadigd vet is niet het enige slechte vet. Er zijn ook transvetzuren, of transvetten, die worden geproduceerd door vloeibaar vet te hydrogeneren om het bij kamertemperatuur vast te maken, zoals bij het maken van margarine. Transvetten worden nu ook vermeld op de voedingsetiketten van verpakte voedingsmiddelen, waardoor ze gemakkelijker te traceren zijn.

ONTBIJT

1. Griesmeel en Carambole Pannenkoeken

Serveert 4

Ingrediënten

- 1 kopje grof griesmeel of gewone room van tarwe
- 1 kopje yoghurt
- Zout, naar smaak
- Water op kamertemperatuur, indien nodig
- 1/4 theelepel bakpoeder
- 1/4 theelepel carambole zaden
- 1/4 kleine rode ui, gepeld en fijngehakt
- kleine rode paprika, zonder zaadjes en fijngesneden
- 1/2 kleine tomaat, zonder zaadjes en fijngesneden
- eetlepels plantaardige olie

Routebeschrijving

a) Combineer het griesmeel, yoghurt en zout in een middelgrote mengkom; goed mengen. Voeg 1/4 tot 1/2 kopje water toe om de consistentie van pannenkoekenbeslag te bereiken en zorg ervoor dat er geen klontjes in het beslag zitten. Voeg het bakpoeder toe. Zet ongeveer 20 minuten opzij.

b) Maak in een aparte kom de topping. Meng de carambole zaden, uien, paprika en tomaten. Verhit een grillplaat op middelhoog. Voeg een paar druppels olie toe. Schep ongeveer 1/4 kopje beslag in het midden van de bakplaat. Het moet de dikte hebben van een gewone pannenkoek. Als het beslag begint te koken, verschijnen er belletjes op het oppervlak.

c) Voeg een kleine hoeveelheid topping toe aan de pannenkoek, terwijl deze nog vochtig is. Druk zachtjes met de achterkant van je pollepel naar beneden. Voeg een paar druppels olie toe aan de zijkanten van de pannenkoeken om te voorkomen dat ze blijven plakken.

d) Draai de pannenkoek om en bak de andere kant ongeveer 2 minuten. Haal de pannenkoek van het vuur en leg op een serveerschaal. Serveer warm.

2. Gierstwafels

Opbrengst: 4

Ingrediënten

- 1 kop gierst
- 1 kop geroosterde boekweit, of hele haver
- ¼ kopje lijnzaad
- ¼ kopje geraspte ongezoete kokosvlokken (optioneel)
- 2 eetlepels melasse of agave
- 2 eetlepels ongeraffineerde kokosolie
- ½ theelepel zout
- 1-3 theelepel gemalen kaneel
- 1-3 theelepel sinaasappelschil (optioneel)
- ¼ kopje zonnebloempitten (optioneel)
- Chocolade siroop

Routebeschrijving

a) Doe gierst, boekweit (of haver) en vlas in een kleine kom, voeg water toe tot het onder staat en laat het een nacht staan.

b) Zeef en gooi het weekwater weg. (Het wordt kleverig!) Plaats de granen in een blender.

c) Voeg water toe om de korrels nauwelijks te bedekken (ongeveer 1½ kopjes). Voeg dan de rest van de ingrediënten toe, behalve de zonnebloempitten. Mix tot een dik beslag. Een deel van de gierst blijft heel en zorgt voor een lekkere crunch.

d) Giet wat beslag in een heet wafelijzer. Bestrooi het beslag met zonnebloempitten (indien gebruikt), sluit en bak volgens de aanwijzingen van de fabrikant.
e) Serveer met of zonder je favoriete toppings.
f) Je kunt het beslag maximaal vijf dagen in de koelkast bewaren.

3. Tofu en boerenkool klauteren

Porties 2

Ingrediënten
- 8 ons extra stevige tofu
- 1-2 eetlepels olijfolie
- 1/4 rode ui (in dunne plakjes)
- 1/2 rode paprika (in dunne plakjes)
- 2 kopjes boerenkool (los gehakt)

Saus
- 1/2 Eetlepels zeezout
- 1/2 Eetlepels knoflookpoeder
- 1/2 Eetlepels gemalen komijn
- 1/4 Eetlepels chilipoeder
- Water (te verdunnen)
- 1/4 Eetlepels kurkuma (optioneel)

Voor serveren (optioneel)
- Salsa
- Koriander
- Hete saus
- Ontbijtaardappelen, toast en/of fruit

Routebeschrijving
a) Dep tofu droog en rol 15 minuten in een schone, absorberende handdoek met iets zwaars erop, zoals een gietijzeren koekenpan.
b) Terwijl tofu aan het uitlekken is, bereidt u de saus voor door droge kruiden toe te voegen aan een kleine kom en

voldoende water toe te voegen om een schenkbare saus te maken. Opzij zetten.

c) Bereid groenten voor en verwarm een grote koekenpan op middelhoog vuur. Voeg, zodra het heet is, olijfolie en de ui en rode peper toe. Breng op smaak met een snufje zout en peper en roer. Kook tot het zacht is - ongeveer 5 minuten.

d) Voeg boerenkool toe, breng op smaak met wat meer zout en peper en laat 2 minuten stomen.

e) Haal intussen de tofu uit de verpakking en gebruik een vork om in hapklare stukjes te verkruimelen.

f) Gebruik een spatel om de groenten naar een kant van de pan te verplaatsen en tofu toe te voegen. Sauteer 2 minuten, voeg dan de saus toe en giet deze grotendeels over de tofu en een beetje over de groenten. Roer onmiddellijk en verdeel de saus gelijkmatig. Bak nog 5-7 minuten tot de tofu lichtbruin is.

g) Serveer direct met de ontbijtaardappelen, toast of fruit.

4. Courgette Tortilla

Ingrediënten:

- 2 theelepels extra vierge olijfolie
- 1 gele ui, gesnipperd
- 2 courgettes, in stukjes
- 8 eieren (of 6 eiwitten en 3 hele eieren)
- Een snufje zout

Routebeschrijving

a) Verhit olie in een grote pan op middelhoog vuur. Voeg de ui toe en laat koken tot hij zacht is. Voeg courgette toe en roer, zet het vuur lager en dek af.

b) Terwijl de groenten koken, klop je de eieren in een grote kom. Voeg zout toe. Als de courgette helemaal gaar is, giet je de eieren erin en dek je weer af.

c) Kook tot de bovenkant gestold is, of, als je een avontuurlijk type bent, plaats een bord op de pan en draai de tortilla op het bord. Schuif het terug in de pan en kook nog 3 minuten, of tot de bodem gaar is.

d) Eet het als ontbijt of als diner met een salade, of neem het mee naar het werk als tussendoortje of in de auto als een sneetje op de vlucht.

5. Fruit en Quinoa Eiwit Haver

Opbrengst: 1

Ingrediënten

- 1/4 kop grote gevlokte glutenvrije havermout
- 1/4 kop gekookte quinoa
- 2 eetlepels natuurlijk vanille vegan eiwitpoeder
- 1 eetlepel gemalen lijnzaad
- 1 Eetlepels kaneel
- 1/4 banaan, gepureerd
- Een paar druppels vloeibare stevia
- 1/4 kopje frambozen
- 1/4 kopje bosbessen
- 1/4 kop in blokjes gesneden perziken
- 3/4 kop ongezoete amandelmelk
- Optionele Toppings: geroosterde kokosnoot, amandelboter, amandelen, zaden, gedroogd fruit, vers fruit.

Routebeschrijving

a) Meng in een middelgrote kom haver, quinoa, eiwitpoeder, gemalen vlas, kaneel en roer om te combineren

b) Voeg geprakte banaan, stevia (of honing/ahornsiroop), bessen en perziken toe.

c) Schenk de amandelmelk erbij en meng de ingrediënten door elkaar.

d) Zet in de koelkast en laat een nacht staan.

e) Haal 's morgens uit de koelkast, verwarm op het fornuis of in de magnetron, of geniet van koud!

f) Als je het mengsel 's ochtends te dik vindt, voeg dan wat extra amandelmelk toe!
g) Wees creatief met toppings... voeg notenboter, noten, zaden, meer fruit, kokos toe.

6. Yogisch Wortelsap

Ingrediënten:

- 3 grote wortelen, geschild en in stukjes
- -inch stuk gember, geschild
- 1 tot 2 muntblaadjes

Routebeschrijving

a) Pers of meng wortels, gember en muntblaadjes. Drink op kamertemperatuur.

7. Komkommer Chili Koelers

Serveert 4-6

Ingrediënten

- 2 middelgrote pitloze komkommers, geschild
- 1/2 theelepel komijnzaad
- 1/2 kopje yoghurt, slagroom
- 1 teentje knoflook, gepeld
- 1 Serrano groene chili, zonder zaadjes
- theelepel vers citroensap
- Tafelzout, naar smaak
- takjes verse koriander, met steel

Routebeschrijving

a) Om de komkommercups te maken: Snijd de komkommer kruiselings in stukjes van 1 inch. Gebruik een meloenboller om de binnenkant eruit te scheppen. Laat een rand van 1/4-inch aan de zijkanten en de onderkant. Zet de kopjes ondersteboven op een bord met keukenpapier om uit te lekken. Koel bewaren.

b) Verhit een koekenpan op middelhoog vuur. Voeg de komijnzaadjes toe en rooster ze droog tot ze geurig zijn, ongeveer 1 tot 2 minuten. Roer constant om te voorkomen dat de zaden verbranden. Laat ze afkoelen en stamp ze dan grof.

c) Gebruik een staafmixer of een menglepel om het komijnzaad, de yoghurt, de knoflook, de groene chilipeper, het verse citroensap en het zout te mengen. Doe het yoghurtmengsel over in een mengkom.

d) Hak de koriander fijn. Voeg het toe aan het yoghurtmengsel.
e) Als je klaar bent om te serveren, plaats je alle komkommercups op een serveerschaal. Schep de yoghurtmix in elk kopje. Deze kunnen van tevoren worden gemaakt en worden gekoeld tot ze klaar zijn om te serveren.

8. Appelgranen

1 portie

Ingrediënten:

- 1 appel
- 1 peer
- 2 stengels bleekselderij
- 1 eetlepel water
- optioneel: kaneel

Routebeschrijving

a) Snijd de appel, peer en bleekselderij in stukjes en doe in een blender.
b) Meng groenten en fruit met water tot een gladde consistentie.
c) Kruid het eventueel met kaneel.

9. Turkije Ontbijt Worst

Ingrediënten:

- 1 pond (455 g) gemalen kalkoen
- ¼ theelepel (0,5 g) zwarte peper
- ¼ theelepel (0,5 g) witte peper
- ¾ theelepel (0,6 g) gedroogde salie
- ¼ theelepel (0,4 g) gemalen foelie
- ½ theelepel (1,5 g) knoflookpoeder
- ¼ theelepel (0,8 g) uienpoeder
- ¼ theelepel (0,5 g) gemalen piment
- 1 theelepel (5 ml) olijfolie

Routebeschrijving

a) Combineer alle ingrediënten, goed mengen.
b) Bak, grill of verwarm de oven voor op 170 ° C (of gasstand 3) en kook op een ingevette bakplaat tot de gewenste gaarheid.

10. **Snowy Day Ontbijtbraadpan**

Ingrediënten:

- 2 plakjes natriumarm spek
- 3 aardappelen, in reepjes
- ½ kop (80 g) ui, gesnipperd
- ¼ kopje (37 g) groene paprika, gehakt
- 1 kop (235 ml) eiervervanger
- ¼ kopje (30 g) magere cheddarkaas, versnipperd

Routebeschrijving

a) Verwarm de oven voor op 350 ° F (180 ° C of gasstand 4). Bak het spek uit in een grote koekenpan. Verwijder spek naar een met keukenpapier bedekt bord om uit te lekken. Voeg aardappelen, ui en groene paprika toe aan de pan en bak tot de aardappelen knaperig zijn en de ui zacht. Roer de verkruimelde bacon erdoor.

b) Breng over naar een ingevette vierkante ovenschaal van 20 cm. Giet de eiervervanger erover. Bestrooi met kaas. Bak tot de eieren gestold zijn, ongeveer 20 minuten.

11.   Ontbijtkoekepan

Ingrediënten:

- 1 eetlepel (15 ml) olijfolie
- ¼ kopje (40 g) ui, fijngehakt
- ¼ kopje (38 g) rode paprika, fijngehakt
- ½ kop (105 g) diepgevroren hash-bruine aardappelen, ontdooid
- ¾ kopje (180 ml) eiervanger

Routebeschrijving

a) Verhit olie in een grote koekenpan op middelhoog vuur. Fruit de ui en rode paprika tot ze zacht zijn. Voeg hash browns toe en kook tot de aardappelen zacht zijn en bruin beginnen te worden, af en toe roeren.

b) Giet de eiervervanger over de groenten en blijf 5 minuten koken, of tot ze gaar zijn, af en toe roeren.

12.   Ontbijt Wraps

Ingrediënten:

- 1 middelgrote aardappel
- ½ pond (225 g) Kalkoenontbijtworst
- ½ kop (80 g) ui, gesnipperd
- 1 theelepel (2,6 g) chilipoeder
- ¼ theelepel (0,5 g) cayennepeper
- ½ kopje (120 ml) eivervanger
- 6 bloem tortilla's
- ½ kopje (58 g) magere cheddarkaas, versnipperd

Routebeschrijving

a) Kook of magnetron aardappel tot ze gaar zijn. Schil en snij in blokjes. Bruine worst in een koekenpan. Voeg gesnipperde ui, chilipoeder en cayennepeper toe en kook 10 minuten. Giet af en gooi al het vet weg. Voeg aardappel en eieren toe. Roer tot de eieren gestold zijn.

b) Verdeel het mengsel gelijkmatig over de verwarmde tortilla's, bestrooi met geraspte kaas en rol de tortilla's op om het mengsel te omsluiten.

13. Ontbijt Quesadilla

Ingrediënten:

- 1 kop (240 ml) eiervervanger
- ¼ kopje (56 g) salsa
- ¼ kopje (30 g) magere cheddarkaas, versnipperd
- 8 maïstortilla's

Routebeschrijving

a) Roer de eiervervanger, roer de salsa en kaas erdoor als het bijna gestold is. Spuit een kant van de tortilla's lichtjes in olijfoliespray met antiaanbaklaag en leg 4 van de tortilla's met de oliekant naar beneden op een bakplaat.

b) Verdeel het eimengsel over de tortilla's en spreid het uit tot een gelijkmatige dikte. Bedek met de resterende tortilla's, met de oliekant naar boven. Grill de quesadilla's 3 minuten per kant, of tot ze gaar en goudbruin zijn. Snijd in vieren om te serveren.

14. Plantaardige omelet

Ingrediënten:

- 1 eetlepel (15 ml) olijfolie
- 2 ons (55 g) champignons, in plakjes
- ¼ kopje (40 g) ui, in blokjes gesneden
- ¼ kopje (37 g) groene paprika, in blokjes gesneden
- ¼ kop (28 g) courgette, in plakjes
- ½ kop (90 g) tomaat, in blokjes gesneden
- 1 kop (240 ml) eiervervanger
- 2 eetlepels (30 g) vetvrije zure room
- 2 eetlepels (30 ml) water
- 2 ons (55 g) Zwitserse kaas, versnipperd

Routebeschrijving

a) Voeg olijfolie toe aan een grote koekenpan en bak champignons, ui, groene paprika, courgette en tomaat tot ze zacht zijn, voeg als laatste tomaat toe. Klop de eiervervanger, zure room en water tot een luchtig geheel. Smeer een omeletpan of koekenpan in met anti-aanbakgroentespray en plaats op middelhoog vuur.

b) Giet het eimengsel in de pan. Til de randen op terwijl het kookt, zodat het ongekookte ei eronder kan lopen. Als de eieren bijna gestold zijn, bedek je de helft van de eieren met de kaas en de gebakken groenten en vouw je de andere helft dubbel. Ga door met koken tot de eieren helemaal gestold zijn.

15.   Worst Frittata

Ingrediënten:

- 1 kop (240 ml) eiervervanger
- ¼ kopje (60 ml) magere melk
- 8 ons (225 g) Turkije Ontbijtworst
- ½ kopje (75 g) groene paprika, gehakt
- 4 ons (115 g) magere cheddar kaas, versnipperd

Routebeschrijving

a) Verwarm de grill voor. Combineer eiervervanger en melk in een middelgrote kom; klop tot het goed gemengd is. Opzij zetten. Zet een 12-inch (30-cm) grillbestendige koekenpan met antiaanbaklaag op middelhoog vuur tot hij heet is. Worst toevoegen; kook en roer 4 minuten of tot het niet meer roze is, worst met een lepel losmaken. Laat de worst uitlekken op keukenpapier; opzij zetten. Voeg peper toe aan dezelfde koekenpan; kook en roer gedurende 2 minuten, of tot ze knapperig zijn.

b) Doe de worst terug in de pan. Voeg eiermengsel toe; roer tot het gemengd is. Omslag; kook op middelhoog vuur gedurende 10 minuten, of tot de eieren bijna gestold zijn. Strooi de kaas over de frittata. Rooster gedurende 2 minuten, of tot de kaas is gesmolten en de eieren zijn gestold. Snijd in partjes.

16.   Groente Frittata

Ingrediënten:

- ½ kopje (75 g) rode paprika, in blokjes gesneden
- ½ kop (80 g) ui, gesnipperd
- 1 kop (70 g) broccoliroosjes
- 8 ons (225 g) champignons, in plakjes
- 1 kop (113 g) courgette, in plakjes
- 1½ kopjes (355 ml) eiervervanger
- 1 eetlepel (0,4 g) gedroogde peterselie
- ¼ theelepel (0,5 g) zwarte peper
- 2 ons (55 g) Zwitserse kaas, versnipperd

Routebeschrijving

a) Spuit een grote ovenvaste koekenpan in met plantaardige oliespray met antiaanbaklaag. Roerbak de rode paprika, uien en broccoli tot ze knapperig zijn. Voeg de champignons en courgette toe en roerbak nog 1 tot 2 minuten. Roer de eiervervanger, peterselie en peper door elkaar en giet het over het groentemengsel, spreid uit om te bedekken.

b) Dek af en kook op middelhoog vuur gedurende 10 tot 12 minuten, of tot de eieren bijna gestold zijn. Strooi er kaas over. Zet onder de grill tot de eieren gestold zijn en de kaas gesmolten is.

17. Pasta Frittata

Ingrediënten:

- 2 eetlepels (30 ml) olijfolie
- 1 kop (150 g) rode paprika, in blokjes gesneden
- 1 kop (160 g) ui, gesnipperd
- 2 kopjes (100 g) gekookte pasta
- ¼ kopje (25 g) geraspte Parmezaanse kaas
- 1 kop (235 ml) eiervervanger

Routebeschrijving

a) Verhit een koekenpan met antiaanbaklaag van 25 cm die geschikt is voor vleeskuikens. Als de pan heet is, voeg je de olie toe en fruit je de rode paprika en ui gedurende 2 tot 3 minuten, onder regelmatig roeren. Voeg de pasta toe aan de pan, goed mengen. Wanneer de ingrediënten grondig zijn gecombineerd, drukt u op de pasta met een spatel om deze plat tegen de bodem van de pan te drukken. Laat het nog een paar minuten koken. Klop de geraspte Parmezaanse kaas door de eivervanger.

b) Giet het eimengsel over de pasta en zorg ervoor dat de eieren gelijkmatig verdeeld zijn. Til de randen van de pasta voorzichtig op om het ei eronder te laten stromen en de pasta volledig te bedekken. Laat de eieren 6 tot 9 minuten koken. Schuif de pan in een voorverwarmde grill en voltooi het koken.

18.   Ontbijt Aardappelen

Ingrediënten:

- 4 aardappelen
- 1 kop (160 g) ui, gesnipperd
- ¼ kopje (37 g) groene paprika, gehakt
- 1 eetlepel (14 g) ongezouten margarine
- ½ theelepel (1 g) versgemalen zwarte peper

Routebeschrijving

a) Kook of magnetron aardappelen tot ze bijna gaar zijn. Droogleggen. Snijd de aardappelen grof en combineer met ui en groene paprika. Smelt margarine in een zware koekenpan. Aardappelmengsel toevoegen.

b) Strooi er zwarte peper over. Bak tot ze bruin zijn, keer regelmatig.

TUSSENDOORTJE

19.   Lollipop Soja Kip

Serveert 4

Ingrediënten

- 2 eetlepels Gember-Knoflookpasta
- 4 eetlepels bloem voor alle doeleinden
- 4 eetlepels maizena
- 3 eetlepels sojasaus
- 1 theelepel rode chilipoeder
- 1 theelepel suiker
- 1/2 eetlepel witte azijn
- Water, indien nodig
- 8-10 kleine kippenboutjes of kippenvleugels, gevild
- 11/2 kopjes plantaardige olie

Routebeschrijving

a) Meng in een grote kom de gember-knoflookpasta, bloem voor alle doeleinden, maïsmeel, sojasaus, rode chilipoeder, suiker en azijn. Voeg voldoende water toe om een dunne, gladde consistentie te krijgen. Voeg de kip toe en zet 3 tot 4 uur in de koelkast.

b) Verhit in een diepe pan 5 tot 6 eetlepels plantaardige olie. Voeg een paar stukjes kip toe aan de olie en bak tot ze knapperig zijn. Als de olie begint te spetteren, kunt u de pan afdekken met een spatbescherming of een deksel. Ga door tot alle stukjes gaar zijn. Gooi de overgebleven marinade weg.

c) Verwijder de stukjes kip en leg ze op een papieren handdoek om overtollige olie af te tappen. Serveer onmiddellijk.

20. Kip met yoghurt

Serveert 4-5

Ingrediënten

- 2 eetlepels mosterdolie of plantaardige olie
- 1/2 theelepel zwarte mosterdzaadjes
- 1/2 theelepel wilde venkelzaad
- 2 gedroogde rode pepers
- 1/4 theelepel fenegriekzaden
- 1 eetlepel Gember-Knoflookpasta
- 8 kippendijen zonder vel
- 1/2 theelepel rode chilipoeder
- 1/4 theelepel kurkumapoeder
- Tafelzout, naar smaak
- 1 kopje yoghurt 1 kopje water
- Sap van 1/2 citroen

Routebeschrijving

a) Verhit de olie in een grote koekenpan tot hij bijna rookt. Verlaag het vuur tot medium. Voeg snel de mosterd- en nigellazaden, rode pepers en fenegriekzaden toe. Bak ongeveer 30 seconden.

Voeg de gember-knoflookpasta toe en bak nog 10 seconden. Voeg de kip toe en roerbak ongeveer 2 minuten. Zet het vuur lager tot medium. Voeg de rode chili en kurkumapoeder en zout toe; bak tot de kip aan alle kanten goed bruin is. Voeg de yoghurt toe en meng goed. Voeg ongeveer 1 kopje water toe. Zet het vuur laag, dek de pan af en kook 20 tot 25 minuten. Voeg het citroensap toe en kook nog 1 minuut. Heet opdienen.

21.   Pittige Garnalen Beignets

Serveert 4

Ingrediënten
- Garnalen van 1 pond, met staart en ontdarmd
- 1 theelepel kurkumapoeder
- 1 theelepel rode chilipoeder
- 1 Serrano groene chili, zonder zaadjes en fijngehakt
- 1 eetlepel geraspte verse gemberwortel
- 1 eetlepel gehakte verse knoflookteentjes
- eetlepel vers citroensap
- Tafelzout, naar smaak
- eieren, geslagen
- volle eetlepels bloem voor alle doeleinden
- Plantaardige olie om te frituren

Routebeschrijving
a) Vlinder de garnalen en zet apart.
b) Meng in een ondiepe kom de kurkuma, rode chilipoeder, groene chili, gember, knoflook, citroensap en zout; goed mengen.
c) Leg de eieren in een tweede schaal. Doe de bloem in een ondiepe schaal.
d) Bestrijk elke garnaal met het kruidenmengsel, dompel ze vervolgens in het ei en bedek ze vervolgens met de bloem. Ga door totdat alle garnalen zijn bedekt. Gooi alle resterende eieren en bloem weg.
e) Verhit de plantaardige olie in een frituurpan of een diepe pan tot 350°. Frituur de garnalen, met een paar tegelijk, tot ze goudbruin zijn.

22. Gember Kip Bites

Serveert 4

Ingrediënten
- 1 kopje Hung Yoghurt
- 2 eetlepels geraspte gemberwortel
- 1 theelepel vers citroensap
- 1 eetlepel plantaardige olie
- 1/2 theelepel (of naar smaak) rode chilipoeder
- Tafelzout, naar smaak
- 11/2 pond kipfilet zonder vel, zonder been, in blokjes
- 2 eetlepels gesmolten boter
- Citroenpartjes, voor garnering

Routebeschrijving
a) Meng in een kom of hersluitbare plastic zak de yoghurt, geraspte gember, citroensap, olie, rode chilipoeder en zout; goed mengen. Voeg de kipblokjes toe. Marineer, afgedekt en gekoeld, 5 tot 6 uur of bij voorkeur een nacht.

b) Verwarm de oven voor op 425 °.

c) Rijg de kip aan spiesjes en bedruip met de gesmolten boter. Leg de kip op een met folie beklede bakplaat en bak ongeveer 7 minuten. Draai een keer om en bedruip met de resterende boter. Bak nog 7 minuten of tot ze goudbruin zijn en de sappen helder zijn. Serveer warm, gegarneerd met partjes citroen.

23. Vijgen Gevulde Peren

2 porties

Ingrediënten:

- ¼ kopje (50 ml) walnoten
- 5 vijgen, geweekt
- ½ theelepel kaneel
- ½-¾ inch (1-2 cm) verse gember, geraspt
- 2 theelepels citroensap
- 1 snufje nootmuskaat
- ¼ kopje weekwater van vijgen
- 1 peer

Routebeschrijving

a) Pureer de walnoten in een keukenmachine. Voeg de vijgen toe en blijf mixen. Voeg de overige ingrediënten toe en mix tot alles goed gemengd is.
b) Snijd de peer in plakjes en verdeel het mengsel erover.

24. Bramen met paranotenyoghurt

1 portie

Ingrediënten:

- ½ kopje (100 ml) paranoten
- 1½ kopjes (300 ml) water
- ¼ kopje (50 ml) bramen, bevroren of half ontdooid
- 1 eetlepel acaipoeder (optioneel)
- 2 abrikozen, geweekt1 snufje zout

Routebeschrijving

a) Meng paranoten in water tot een melkachtige consistentie en zeef door een draadzeef of notenmelkzak.
b) Mix met alle andere ingrediënten tot je een smoothie hebt.

25. Kruidenballen

10-15 ballen

Ingrediënten:

- 1 klein kopje (200 ml) amandelen
- 1½ kopjes (300 ml) zonnebloempitten
- ½ kopje (100 ml) pompoenpitten
- 2 theelepels gemalen gember
- 2 theelepels gemalen kruidnagel 2 eetlepels kaneel
- een snufje zout
- ¼ kopje (50 ml) kokosolie
- 1¾ kopje (400 ml) rozijnen, geweekt

Routebeschrijving

a) Pulseer amandelen, zonnebloempitten en pompoenpitten in de keukenmachine tot ze fijngehakt zijn. Voeg kruiden en zout toe en verwerk opnieuw.

b) Maak kokosolie in vloeistof boven een warme dubbele boiler.

c) Voeg de kokos en rozijnen toe en verwerk tot alles goed gemengd is. Knijp in balletjes en zet in de koelkast. Door de kokosolie zullen de balletjes stollen.

26.   Selderij snack

1 portie

Ingrediënten:

- 1 appel
- stengel bleekselderij
- ¼ kopje (50 ml) walnoten, geweekt

Routebeschrijving

a) Snijd de appel en bleekselderij in kleine stukjes en hak de walnoten grof.
b) Meng alle ingrediënten door elkaar.

27.   Spirulina-ballen

10-15 ballen

Ingrediënten:

- 3 kopjes (700 ml) hazelnoten
- 1½ kopjes (300 ml) rozijnen, geweekt
- 2 eetlepels kokosolie, geraspte citroenschil van 2 citroenen
- 1 eetlepel spirulinapoeder

Routebeschrijving

a) Pureer de hazelnoten in een keukenmachine tot ze gemalen zijn.

b) Voeg de rozijnen toe en verwerk opnieuw. Voeg de kokosolie, citroenschil en spirulinapoeder toe. Rol in hapklare ballen, of eet zoals het is.

28. P, P en P snack

1 portie

Ingrediënten:

- ¼ grote papaja of ½ klein
- 1 peer
- ¼ kopje (50 ml) pecannoten

Routebeschrijving

a) Snijd papaja en peren in stukjes en hak de noten grof.
b) Doe alle ingrediënten in een mooie kom.

29. Uiencrackers

Ingrediënten:

- 1½ kopjes (300 ml) pompoenpitten
- ½ kopje (100 ml) lijnzaad, geweekt
- ½-1 rode ui

Routebeschrijving

a) Bereid door lijnzaad 4 uur in 1 kopje water te weken. Pulseer pompoenpitten in de keukenmachine tot ze fijngehakt zijn. Voeg het geweekte lijnzaad toe en verwerk opnieuw. Voeg de rode ui toe, snij in grotere stukken en mix tot een beslag.

b) Verspreid op perkamentpapier of vel in een dunne en gelijkmatige laag. Snijd in vierkanten met een botermes.

30.   Gele bloemkool

2 porties

Ingrediënten:

- 1 kop bloemkool
- 2 theelepels limoensap een snufje zout
- 1 eetlepel olijfolie
- 1-2 eetlepels kerrie
- 1 gele paprika
- 1¼ ounce (50 g) erwtenscheuten
- ¾ kopje (50 ml) zonnebloempitten
- 1 avocado

Routebeschrijving

a) Snijd de bloemkool in kleine roosjes. Pulse in de keukenmachine tot het fijngehakt is. Voeg het limoensap, zout, olijfolie en curry toe en verwerk opnieuw tot alles goed gemengd is. Doe in een kom.
b) Snijd de paprika's in blokjes en meng ze met de erwtenscheuten en zonnebloempitten door het bloemkoolmengsel.
c) Serveer met avocado.

31. Sushi met paranoten

2 porties

Ingrediënten:

- 6 norivellen
- ⅜ kopje (75 ml) paranoten
- 1 avocado
- 1 karige kop (200 ml) zuurkool

Routebeschrijving

a) Snijd de norivellen in stroken van 5 cm breed. Hak de noten grof en snijd de avocado in blokjes.

b) Meng met de zuurkool. Doe het mengsel in nori-reepjes en vouw ze dicht.

32. Chili en walnotenrolletjes

2-3 porties

Ingrediënten:

- 5 vellen nori
- 1½ kopjes (350 ml) walnoten
- 2 wortelen
- 5 zongedroogde tomaten, geweekt
- ¼-½ verse chili
- ½ kopje (100 ml) oregano, vers
- ¼ rode peper
- 1 eetlepel citroensap
- ½ kopje (100 ml) zuurkool

Routebeschrijving

a) Snijd de norivellen in reepjes van 5 cm breed.
b) Pulseer de walnoten in de keukenmachine tot ze grof gehakt zijn. Voeg grof gesneden wortel toe. Voeg de zongedroogde tomaten, pepers, oregano, peper en citroen toe en mix tot een gladde massa. Doe de dip in een kom.
c) **Zo maak je broodjes:** Neem een reep nori en voeg ongeveer 3 eetlepels notendip en ½ eetlepel zuurkool toe.
d) Rol op en herhaal om ongeveer 10 rollen te maken.

33. Sushi licht

2 porties

Ingrediënten:

- 1 pastinaak
- 2 wortelen
- 2 gele paprika's
- $\frac{1}{4}$ grote of 1 kleine papaja
- 1 avocado, in kleine stukjes gesneden 6 vellen nori
- Serveer met: wasabipasta en tamari naar smaak

Routebeschrijving

a) Schil de pastinaak. Snijd de pastinaken, wortelen en paprika's en snijd de papaja in stukken van 5 cm lang. Snijd ook de avocado in dunne plakjes. Leg de groenten op een schaal.
b) Snijd de norivellen in stroken van 5 cm breed.
c) Serveer tamari en wasabi in aparte kommen. Leg van elke groente een stokje op de nori met wat wasabi en rol op. Dip de rol vlak voor het eten in de tamari.

34.   Texaanse kaviaar

Ingrediënten:

- ⅓ kopje (55 g) ui, gesnipperd
- ½ kopje (75 g) groene paprika, gehakt
- ½ kopje (50 g) lente-uitjes, gehakt
- ¼ kopje (36 g) jalapeño pepers, gehakt
- 1 eetlepel (10 g) gehakte knoflook
- 20 cherrytomaatjes, in vieren
- 8 ons (235 ml) magere Italiaanse dressing
- 2 kopjes (450 g) black eyed peas uit blik, uitgelekt
- ½ theelepel (1 g) gemalen koriander
- ¼ kopje (15 g) verse koriander, gehakt

Routebeschrijving

a) Meng in een grote kom ui, groene paprika, lente-uitjes, jalapeño pepers, knoflook, cherrytomaatjes, Italiaanse dressing, erwten met zwarte ogen en koriander. Dek af en zet ongeveer 2 uur in de koelkast.

b) Bestrooi vlak voor het serveren met verse koriander.

35.   Vetvrije Aardappelchips

Ingrediënten:

- 4 middelgrote aardappelen
- Specerijen of kruiden naar keuze

Routebeschrijving

a) Als de aardappelen oud zijn, schil ze dan voor het snijden. Als de aardappelen nieuw zijn of een goede schil hebben, schil ze dan niet, maar schrob ze goed. Snijd aardappelen 1/16 inch (1,5 mm) dik en snijd over de aardappel.

b) Bestrooi eventueel met kruiden of specerijen naar keuze. Als je een magnetronspekschaal hebt, leg de gesneden aardappelen dan plat op de schaal in een enkele laag. Dek af met een magnetronbestendige, ronde, zware plastic hoes. Als je geen spekplaat hebt, leg de aardappelen dan tussen twee magnetronbestendige borden. Magnetron op hoog (vol vermogen) gedurende 7 tot 8 minuten.

c) De kooktijd kan enigszins variëren, afhankelijk van het wattage van uw magnetron. Je hoeft de gesneden aardappelen niet om te draaien. Borden zullen heet zijn tegen de tijd dat de aardappelen klaar zijn. Blijf de rest van de gesneden aardappelen in de magnetron zetten zoals hierboven aangegeven.

36.   Tortillachips met laag vetgehalte

Ingrediënten:

- 1 maïstortilla
- Plantaardige oliespray met antiaanbaklaag

Routebeschrijving

a) Verwarm de oven voor op 350 ° F (180 ° C of gasstand 4). Snijd de tortilla in 6 partjes. Leg de tortillastukjes op een bakplaat. Spray met anti-aanbakspray met plantaardige olie. Draai de tortilla's om en spuit de andere kant in.

b) Bak gedurende 10 minuten, of tot ze krokant en bruin aan de randen zijn.

37.   Dip van sjalotjes met laag vetgehalte

Ingrediënten:

- 1 kop (225 g) magere kwark
- ¼ kopje (25 g) lente-uitjes, gehakt
- 2 theelepels (10 ml) citroensap

Routebeschrijving

a) Combineer alle ingrediënten in een blender of keukenmachine en maal tot een gladde massa.
b) Zet minstens een uur in de koelkast om de smaken de tijd te geven zich te ontwikkelen.

38.   Garbanzo Dip

Ingrediënten:

- 2 kopjes (450 g) kekerbonen uit blik, uitgelekt en afgespoeld
- 1 kop (230 g) gewone vetvrije yoghurt
- 2 eetlepels (30 ml) citroensap
- 2 eetlepels (30 ml) olijfolie
- Scheutje hete pepersaus
- 1 kop (135 g) komkommer, geschild en in blokjes gesneden
- ¼ kopje (40 g) rode ui, gesnipperd
- ¼ kopje (30 g) wortelen, geraspt
- ½ kopje (90 g) roma-tomaten, in stukjes

Routebeschrijving

a) Mix de garbanzos, yoghurt, citroensap, olijfolie en hete pepersaus in een blender of keukenmachine tot een gladde massa.

b) Breng de dip over in een ondiepe serveerschaal. Meng de overige ingrediënten door elkaar en verdeel over de dip.

HOOFDGERECHT

39. Mungbonen en rijst met groenten

Ingrediënten:

- 4 ½ kopjes water
- ½ kopje hele mungbonen
- ½ kopje basmatirijst
- 1 ui, gesnipperd en 3 teentjes knoflook, fijngehakt
- ¾ kopje fijngehakte gemberwortel
- 3 kopjes gehakte groenten
- 2 eetlepels ghee of olie
- ¾ eetlepel kurkuma
- ¼ theelepel gedroogde gemalen rode pepers
- ¼ theelepel gemalen zwarte peper
- ½ theelepel koriander
- ½ theelepel komijn
- ½ theelepel zout

Routebeschrijving:

a) Spoel de mungbonen en rijst af. Voeg de mungbonen toe aan kokend water en kook tot ze beginnen te splijten. Voeg de rijst toe en kook nog eens 15 minuten, af en toe roeren. Voeg nu de groenten toe.

b) Verhit de ghee/olie in een sauteerpan en voeg de uien, knoflook en gember toe en bak tot ze helder zijn. Voeg de kruiden toe en kook nog 5 minuten, onder voortdurend roeren. Voeg eventueel een beetje water toe. Voeg dit toe aan de gekookte rijst en bonen. Je kunt groenten vervangen zoals je wilt, maar ook Bragg vloeibare amines, tamari of sojasaus gebruiken in plaats van zout. Smaakt heerlijk met yoghurt!

40.   Tonijn met gepeperde korst

Ingrediënten

- 1 (5-ounce) stuk wilde tonijn
- Sap van 1 citroen
- ¼ kopje grofgemalen zwarte peper
- ¼ kopje sesamzaadjes
- 1 eetlepel extra vergine olijfolie
- 1 teentje knoflook, in dunne plakjes gesneden

Routebeschrijving

a) Doe de tonijn in een kom en overgiet met vers citroensap. Leg peper en sesamzaadjes op een plat bord. Bagger tonijn in peper/sesamzaad en vacht volledig.

b) Verhit olie en knoflook in een kleine pan op hoog vuur. Voeg de tonijn toe aan de pan en bak 1 minuut per kant. Serveer met een kant van gesauteerde spinazie of een salade met extra vergine olijfolie en citroensap.

41. Risotto met bruine rijst

Ingrediënten

- 1 eetlepel extra vergine olijfolie
- 2 teentjes knoflook, fijngehakt
- 1 grote tomaat, in stukjes
- 3 handen babyspinazie
- 1 kop champignons, gehakt
- 2 kopjes broccoliroosjes
- Zout en peper naar smaak
- 2 kopjes gekookte bruine rijst
- Knijp saffraan
- Geraspte Parmezaanse kaas (optioneel)
- Rode chilivlokken (optioneel)

Routebeschrijving

a) Verhit olie in een grote koekenpan op middelhoog vuur. Fruit de knoflook tot hij net goudbruin begint te worden. Voeg tomaat, spinazie, champignons en broccoli toe. Kruid met peper en zout en kook tot de groenten zacht zijn. Voeg rijst en saffraan toe en roer, zodat het sap van de groenten in de rijst kan trekken.

b) Serveer warm of koud, eventueel bestrooid met Parmezaanse kaas en/of rode pepervlokken.

42. Retox Nacho's

Ingrediënten

- 1 eetlepel extra vergine olijfolie
- 2 teentjes knoflook, fijngehakt
- 2 kopjes babyspinazie
- ½ pond biologisch rundergehakt
- ½ witte ui, gesnipperd
- 1 tomaat, in stukjes
- ½ avocado, in blokjes gesneden
- Zure room, gesneden jalapeños, verse koriander, voor garnering
- Sesam blauwe tortillachips

Routebeschrijving:

a) Verhit olie in een pan op middelhoog vuur. Voeg knoflook toe en kook tot het net goudbruin is. Voeg spinazie toe en bak tot het geslonken is, ongeveer 5 minuten. Haal uit de pan en laat afkoelen op een bord.

b) Voeg in dezelfde pan rundergehakt toe en breek het met een houten lepel terwijl het kookt. Als het vlees gaar is, verwijder het dan en leg het op de spinazie.

c) Top met ui, tomaat en avocado. Garneer eventueel met een klodder zure room, jalapeños en koriander.

d) Serveer met tortillachips en duik erin!

43. Koepelvrije Pasta

Ingrediënten
- 8 ons boekweitpasta
- 1 (14-ounce) blik artisjokharten (in water)
- 1 handvol verse munt
- ½ kopje gehakte groene ui
- 2 eetlepels zonnebloempitten (optioneel)
- 4 eetlepels extra vierge olijfolie

Routebeschrijving:
a) Breng een grote pan water aan de kook. Voeg pasta toe en kook 8 tot 12 minuten volgens de aanwijzingen op de verpakking.
b) Snijd tijdens het koken de artisjokharten en hak de munt fijn. Giet de pasta af als ze gaar zijn en doe ze in een kom.
c) Voeg artisjokken, munt, groene ui en zonnebloempitten toe (indien gebruikt en je hebt geen last van migraine).
d) Besprenkel met olijfolie en schep om. Je kunt dit warm of koud serveren.

**44.	Gouden vis**

Ingrediënten:

- 1 eetlepel extra vergine olijfolie
- 2 teentjes knoflook
- 1 grote gele ui, gesnipperd
- 4 (6-ounce) wild gevangen kabeljauw uit Alaska (of wild gevangen vis naar keuze)
- Sap van 2 citroenen
- 1 theelepel kurkuma

Routebeschrijving:

a) Verhit olie in een grote koekenpan op middelhoog vuur. Voeg knoflook toe en kook tot het net goudbruin begint te worden. Voeg de ui toe en bak tot hij glazig is.

b) Knijp citroensap over de vis en bestrooi met kurkuma. Kook de vis 5 minuten per kant of tot hij gemakkelijk uit elkaar valt met een vork. Serveer met een kant van rijst en groenten.

45. Zalm Crush Crunch

Ingrediënten

- 1 (6-ounce) zalmfilet
- 3 theelepels olijfolie, verdeeld
- 2 kopjes babyspinazie
- 1 kop in blokjes gesneden broccoli
- 1 kop gekookte quinoa of wilde rijst
- 1 theelepel lijnzaad of sesamzaad (optioneel)

Routebeschrijving:

a) Wrijf de zalm in met 1 theelepel olijfolie. Verhit een koekenpan op middelhoog vuur. Voeg zalm toe en zet het vuur hoog. Kook gedurende 3 minuten, draai dan om en kook nog eens 4 of 5 minuten, tot het gaar is en gemakkelijk uit elkaar valt met een vork.

b) Opzij zetten. Verhit in dezelfde pan de resterende 2 theelepels olijfolie op middelhoog vuur. Voeg spinazie en broccoli toe en kook tot de spinazie geslonken is en de broccoli zacht. Voeg quinoa of rijst toe en meng door elkaar.

c) Bestrooi met lijnzaad of sesamzaad, indien gebruikt. Voeg de zalm toe aan de pan en plet hem met een vork. Roer alles door elkaar en serveer in een kom of op een bedje sla.

46. Quinoa Tabouleh

Ingrediënten

- ½ kopje gekookte quinoa
- 2 bosjes peterselie, fijngehakt
- ½ witte ui, gesnipperd
- 1 tomaat, in blokjes gesneden
- 1 eetlepel extra vergine olijfolie
- Sap van 1 citroen

Routebeschrijving:

a) Meng de quinoa, peterselie, ui en tomaat in een kom. Aankleden met olijfolie en citroensap.

b) Roer en geniet.

47. Gierst, Rijst en Granaatappel

Ingrediënten

- 2 kopjes dunne pohe (afgeplatte rijst)
- 1 kop gepofte gierst of rijst
- 1 kop dikke karnemelk (zeer dunne yoghurt)
- 1/2 kop granaatappelstukjes
- 5 - 6 kerrieblaadjes
- 1/2 theelepel mosterdzaad
- 1/2 theelepel komijnzaad
- 1/8 theelepel asafoetida
- 5 theelepels olie
- Suiker naar smaak
- Zout naar smaak
- Verse of gedroogde kokosnoot - versnipperd
- Verse korianderblaadjes

Routebeschrijving

a) Verhit olie en voeg mosterdzaad toe.

b) Als ze knappen, voeg je het komijnzaad, de asafoetida en de kerrieblaadjes toe.

c) Plaats de pohe in een grote kom. Combineer het met de olie kruidenmix, suiker en zout.

d) Als het is afgekoeld, meng je de yoghurt, koriander en kokosnoot met de pohe.

e) Serveer eventueel met koriander en kokos.

48. Spaanse kikkererwten en pasta

Porties: 4

Ingrediënten

- 2 eetlepels olijfolie
- 2 teentjes knoflook
- 1/2 Eetlepels gerookte paprika
- 1 Eetlepels gemalen komijn
- 1/2 Eetlepels gedroogde oregano
- 1/4 Eetlepels cayennepeper
- Vers gekraakte zwarte peper
- 1 gele ui
- 2 kopjes ongekookte veganistische pasta
- 1 15oz. kan tomaten in blokjes snijden
- 1 15oz. blik artisjokharten in vieren
- 1 19oz. blik kikkererwten
- 1,5 kopjes groentebouillon
- 1/2 Eetlepels zout (of naar smaak)
- 1/4 bosje verse peterselie
- 1 verse citroen

Routebeschrijving

a) Hak de knoflook fijn en voeg deze samen met de olijfolie toe aan een grote diepe koekenpan. Kook op middelhoog vuur gedurende 1-2 minuten, of gewoon tot ze zacht en geurig zijn. Voeg de gerookte paprika, komijn, oregano, cayennepeper en wat versgekraakte zwarte peper toe aan de pan. Roer en bak de kruiden nog een minuut in de hete olie.

b) Snipper de ui en voeg deze toe aan de pan. Fruit de ui tot hij zacht en doorschijnend is (ongeveer 5 minuten). Voeg de pasta toe en bak nog 2 minuten.

c) Giet de kikkererwten en artisjokharten af en voeg ze toe aan de pan, samen met het blik tomatenblokjes (met sap), groentebouillon en een halve theelepel zout. Hak de peterselie grof en voeg deze toe aan de pan, maar bewaar een kleine hoeveelheid om over de afgewerkte schaal te strooien. Roer alle ingrediënten in de koekenpan tot ze gelijkmatig zijn gecombineerd.

d) Doe een deksel op de pan en draai het vuur middelhoog. Laat de koekenpan aan de kook komen. Zodra het kookt, zet je het vuur laag en laat je het 20 minuten sudderen. Zorg ervoor dat het de hele tijd suddert en zet het vuur indien nodig iets hoger om het te laten sudderen.

e) Zet na 20 minuten sudderen het vuur uit en laat het 5 minuten rusten zonder het deksel te verwijderen. Verwijder ten slotte het deksel, pluis met een vork en garneer met de resterende gehakte peterselie. Snijd de citroen in partjes en knijp het verse sap uit boven elke kom.

49.   Chili Sint-jakobsschelpen in Kokosmelk

Serveert 4

Ingrediënten

- 1-pond zeeschelpen (of in blokjes gesneden witte vis naar keuze)
- 1 eetlepel rode chili sambal
- 3 eetlepels plantaardige olie
- 1/2 theelepel mosterdzaad
- 8 verse kerrieblaadjes
- 2 theelepels gember-knoflookpasta
- 2 kleine tomaten, in stukjes
- 1/2 theelepel kurkumapoeder
- Tafelzout, naar smaak
- Water, indien nodig
- Kokosmelk, voor garnering

Routebeschrijving

a) Meng in een kom de sint-jakobsschelpen en de sambal. (Als je in plaats daarvan gedroogde rode pepers gebruikt, voeg dan ook 2 theelepels olie toe.) Zet 15 minuten opzij.

b) Terwijl de sint-jakobsschelpen marineren, verwarm je de plantaardige olie in een middelgrote koekenpan. Voeg de mosterdzaadjes toe; wanneer ze beginnen te sputteren, voeg je de curryblaadjes, gemberpasta en tomaten toe.

c) Bak ongeveer 8 minuten of tot de olie begint te scheiden van de zijkanten van het mengsel. Voeg de kurkuma en het zout toe en roer goed door. Voeg ongeveer 1 kopje water toe en kook, onbedekt, gedurende 10 minuten.

d) Voeg de sint-jakobsschelpen toe (samen met alle rode chilisambal) en kook op middelhoog vuur tot de sint-jakobsschelpen gaar zijn, ongeveer 5 minuten. Garneer met de kokosmelk en serveer warm.

50. Chili Vis Met Chutney

Serveert 4

Ingrediënten

- 1-pond witte vis, in stukjes van 1 1/2-inch gesneden
- 3/4 theelepel kurkumapoeder
- Sap van 1/2 citroen
- 1 theelepel korianderpoeder
- 1 theelepel komijnpoeder
- 1/4 theelepel zwarte peperkorrels, grof gestampt
- 4 gedroogde rode pepers, grof gestampt
- Tafelzout, naar smaak
- Plantaardige olie om te frituren
- Chaat Kruidenmix, optioneel

Routebeschrijving

a) Doe de visblokjes in een kom. Wrijf ze goed in met de kurkuma en zet ze ongeveer 10 minuten opzij. Spoel de vis en dep droog.

b) Meng in een kom het citroensap, korianderpoeder, komijnpoeder, zwarte peper, rode pepers en zout; goed mengen. Voeg de vis toe en meng om ervoor te zorgen dat alle stukjes goed bedekt zijn. Koel, afgedekt, gedurende 2 uur.

c) Verhit de plantaardige olie in een frituurpan of een diepe pan tot 350°. Frituur een paar stukjes vis tegelijk. Haal met een schuimspaan uit de olie en laat uitlekken op keukenpapier. Ga door tot alle vis gebakken is.

d) Gooi de overgebleven marinade weg. Serveer onmiddellijk.

e) Strooi Chaat Kruidenmix eventueel vlak voor het opdienen over de vis.

51.   Griesmeel met Groenten

Ingrediënten

- ½ kopje griesmeel
- 1 kopje water
- 2 eetlepels olie
- 1/4 Eetlepels mosterdzaad
- 1/4 Eetlepels komijnzaad
- 1 snuifje asafoetida
- 5-6 kerrieblaadjes
- ½ Eetlepels geraspte gember
- ½ Eetlepels korianderpoeder
- ½ Eetlepels komijnpoeder
- Zout naar smaak
- 1/2 tomaten - kunnen rauw koken of ernaast worden gegeten
- 1 kop aardappelen, kool, bloemkool, wortelen.
- Verse kokosnoot
- Verse korianderblaadjes

Routebeschrijving

a) Rooster het griesmeel 10 tot 15 minuten droog in een pan tot het rozebruin kleurt. Haal uit de pan.

b) Verhit de olie en voeg de mosterdzaadjes toe. Als ze knappen, voeg je de komijn, asafoetida, kerrieblaadjes, gember, korianderpoeder en komijnpoeder toe. Groenten toevoegen en half koken.

c) Voeg het geroosterde griesmeel, zout en water toe. Breng aan de kook, dek af en laat 10 minuten sudderen. Dek af en bak 2 tot 3 minuten. Voeg naar smaak verse kokos en korianderblaadjes toe.

52. Bieten-Wortel Ovenschotel

Serveert 4-6

Ingrediënten:

- 2 bosjes lente-uitjes, gesnipperd
- 3 teentjes knoflook, fijngehakt
- Ghee of plantaardige olie
- 1 bos bieten
- 1 pond wortelen
- Sojasaus of Tamari Gemalen zwarte peper
- 1 pond geraspte kaas

Routebeschrijving:

a) Boen bieten en wortelen. Stoombieten heel. Snijd geen wortels of stengels af. Voeg na ongeveer 15-20 minuten wortels toe. Stoom tot ze zacht maar stevig zijn. Verwijder vervolgens de buitenste schillen van bieten en wortelen. Rasp met een grove rasp. Houd bieten en wortelen apart om hun verschillende kleuren te behouden.

b) Fruit de lente-uitjes en knoflook in olie of ghee tot ze zacht zijn. Gooi met bieten en wortelen en zwarte peper. Leg in een braadpan. Bestrooi met sojasaus of Tamari. Bedek met geraspte kaas en rooster tot de kaas gesmolten en goudbruin is.

53.   Romige Amandel Kip

Serveert 4-5

Ingrediënten

- 1/4 kop geblancheerde amandelen
- Water, indien nodig
- 4 eetlepels plantaardige olie
- laurierblad
- kruidnagel
- 5 peperkorrels
- 1 groene chili, zonder zaadjes en fijngehakt
- 1 eetlepel Gember-Knoflookpasta
- 8 stuks kippendijen zonder vel, zonder been
- 1/2 theelepel rode chilipoeder
- 1/4 theelepel kurkumapoeder
- 1 theelepel korianderpoeder
- 1/2 theelepel warme kruidenmix
- Tafelzout, naar smaak
- 1/4 kopje yoghurt, slagroom
- 1/4 kop zware room

Routebeschrijving

a) Mix de amandelen in een blender of keukenmachine met een paar eetlepels water tot een dikke, gladde pasta. Opzij zetten. Verhit de plantaardige olie in een grote pan op medium. Voeg het laurierblad, kruidnagel, peperkorrels, groene chili en gember-knoflookpasta toe; sauteer ongeveer 10 seconden. Voeg de kip toe en bak tot ze aan beide kanten goed bruin zijn, ongeveer 5 tot 10 minuten.

b) Voeg de rode chili, kurkuma, koriander, de kruidenmix en zout toe; kook ongeveer 5 minuten. Voeg de yoghurt toe en bak tot het vet zich begint af te scheiden. Voeg ongeveer 1/2 kopje water toe.

c) Dek af en laat sudderen tot de kip zacht en gaar is, ongeveer 10 tot 15 minuten. Roer af en toe en voeg een paar eetlepels water toe als het gerecht te droog lijkt. Voeg de amandelspijs en de room toe. Kook, onafgedekt, ongeveer 8 minuten op middelhoog vuur.

54. Warm gekruid lam

Serveert 4

Ingrediënten

- 11/4 pond mager lamsgehakt
- 1 theelepel geraspte verse gemberwortel
- 1/2 theelepel rode chilipoeder
- theelepel gehakte knoflook
- eetlepels yoghurt, slagroom
- 1/4 theelepel kurkumapoeder
- 1 Serrano groene chili, zonder zaadjes en fijngehakt
- 1/2 kopje water
- eetlepels plantaardige olie
- 1 grote rode ui, fijngehakt
- 1/4 kop ongezoete, gedroogde kokosnoot
- Tafelzout, naar smaak
- 1/2 theelepel warme kruidenmix

Routebeschrijving

a) Meng in een diepe pan het lam, gember, rode chilipoeder, knoflook, yoghurt, kurkuma en groene chili. Voeg het water toe en breng aan de kook. Dek af en laat op laag vuur ongeveer 45 minuten sudderen of tot het lam gaar is. Opzij zetten.

b) Verhit de plantaardige olie in een grote koekenpan. Voeg de ui toe en bak, onder voortdurend roeren, tot ze goed bruin zijn, ongeveer 8 minuten. Voeg het lam toe en bak nog 4 tot 5 minuten. Voeg de kokosnoot en het zout toe; bak nog 5 minuten. Serveer warm, gegarneerd met Warme Kruidenmix.

55. Pittige Garnalen in Kokosmelk

Serveert 4

Ingrediënten

- 1 laurierblad
- 1 theelepel komijnzaad
- (1-inch) kaneelstokje
- kruidnagel
- zwarte Peperbollen
- 1 inch stuk verse gemberwortel, geschild en in plakjes
- teentjes knoflook
- Water, indien nodig
- 3 eetlepels plantaardige olie
- 1 grote rode ui, fijngehakt
- 1/2 theelepel kurkumapoeder
- 1-pond garnalen, gepeld en ontdarmd
- 1 (14-ounce) kan kokosmelk aansteken
- Tafelzout, naar smaak

Routebeschrijving

a) Maal in een kruidenmolen het laurierblad, komijnzaad, kaneelstokje, kruidnagel, peperkorrels, gember en knoflook grof. Voeg eventueel 1 eetlepel water toe.

b) Verhit de plantaardige olie in een middelgrote koekenpan. Voeg het gemalen kruidenmengsel toe en bak ongeveer 1 minuut. Voeg de uien toe en bak 7 tot 8 minuten of tot de uien goed bruin zijn.

c) Voeg de kurkuma toe en meng goed. Voeg de garnalen toe en bak ongeveer 2 tot 3 minuten, tot ze niet meer roze zijn.

d) Voeg de kokosmelk en het zout toe. Laat 10 minuten sudderen of tot de jus begint in te dikken. Haal van het vuur en serveer heet.

56. Parsi Vis

Serveert 4

Ingrediënten

- 4 (1 inch dikke) vissteaks (naar keuze)
- 3/4 theelepel kurkumapoeder
- 8 eetlepels Groene Chili
- Kokoschutney

Routebeschrijving

a) Doe de vissteaks in een kom. Wrijf de steaks goed in met de kurkuma en zet ongeveer 10 minuten opzij. Afspoelen en droogdeppen

b) Snijd 4 vierkanten aluminiumfolie die groot genoeg zijn voor de steaks. Leg een biefstuk in het midden van elk stuk folie. Bedek de vis met 2 royale eetlepels van de chutney. Vouw de folie erover alsof je een cadeautje inpakt. Laat een beetje ruimte over zodat de stoom kan uitzetten.

c) Verwarm de oven voor op 400°.

d) Leg de folieverpakkingen op een bakplaat. Bak tot de vis helemaal gaar is (20 tot 25 minuten voor steaks van 1 inch dik). De timing is afhankelijk van de dikte van je steak. Heet opdienen.

57. Wasabi Kip Tikka

Serveert 4

Ingrediënten

- 3 eetlepels plantaardige olie
- 1 middelgrote rode ui, fijngesnipperd
- 1 eetlepel Gember-Knoflookpasta
- 2 middelgrote tomaten, fijngehakt
- 1/2 theelepel rode chilipoeder
- 1/4 theelepel kurkumapoeder
- Tafelzout, naar smaak
- 1/2 theelepel warme kruidenmix
- 3/4 kop zware room.
- Kip tikka
- 2 eetlepels wasabisaus

Richtings

a) Verhit de plantaardige olie in een grote pan op medium. Voeg de uien toe en bak tot ze goed bruin zijn, ongeveer 7 tot 8 minuten. Voeg de gember-knoflookpasta toe en bak nog een minuut.

b) Voeg de tomaten toe en kook ongeveer 8 minuten of tot de tomaten gaar zijn en de olie begint te scheiden van de zijkanten van het mengsel. Voeg de rode chili, kurkuma, zout en de kruidenmix toe; 1 minuut sauteren.

c) Roer de wasabi teriyakisaus erdoor

d) Voeg de room toe en kook ongeveer 2 minuten. Voeg de Chicken Tikka toe en meng goed. Kook gedurende 2 minuten of tot de kip is opgewarmd. Heet opdienen.

58.   Romige Kip Met Noten

Ingrediënten

- 2 kleine rode uien, gepeld en gesnipperd
- 1 inch stuk verse gemberwortel, geschild en in plakjes
- 4 teentjes knoflook, gepeld
- 4 gedroogde rode pepers
- 2 theelepels korianderpoeder
- Water, indien nodig
- 3 eetlepels ongezouten cashewnoten, 10 minuten geweekt in water
- 2 eetlepels wit maanzaad, geweekt in water voor
- 20 minuten
- 2 eetlepels amandelen, geblancheerd
- 3 eetlepels Geklaarde Boter
- 2 (1-inch) kaneelstokjes
- 2 zwarte kardemompeulen, gekneusd
- 1 groot laurierblad
- 2 groene kardemompeulen, gekneusd
- 1 theelepel komijnpoeder
- 1 kopje yoghurt, slagroom
- 11/2 pond in blokjes gesneden kip zonder been
- Tafelzout, naar smaak
- 1 theelepel Warme Kruidenmix
- Geroosterde komijnzaadjes, voor garnering

Routebeschrijving

a) Meng in een blender of keukenmachine de uien, gember, knoflook, rode pepers, korianderpoeder en maximaal 1/4 kopje water tot een pasta. Opzij zetten. Verwerk of meng de cashewnoten, maanzaad, amandelen en net genoeg water tot een gladde, dikke pasta. Opzij zetten.

b) Verwarm de geklaarde boter in een diepe pan op middelhoog vuur. Voeg de kaneelstokjes, zwarte kardemom, laurier, kruidnagel en groene kardemom toe; bak tot het geurig is, ongeveer 1 1/2 minuut. Voeg de uienpuree en komijn toe. Bak op middelhoog vuur, onder voortdurend roeren, tot de boter zich scheidt van de uienpasta. Voeg de yoghurt toe en kook nog ongeveer 12 minuten, onder voortdurend roeren.

c) Voeg de stukjes kip toe. Sudderen, afgedekt, gedurende 15 tot 20 minuten of tot de kip zacht is.

d) Voeg de notenpasta toe en laat, onafgedekt, ongeveer 4 minuten sudderen. Roer het zout en de Warme Kruidenmix erdoor.

59. Griekse bloemkool

Serveert 2

Ingrediënten:

- ½ hoofd bloemkool
- 2 tomaten
- 4 inch (10 cm) komkommer
- ½ rode paprika
- ½ bosje munt
- ½ bosje koriander
- ½ bosje basilicum
- 1/4 kop (50 ml) bieslook
- 10 zwarte olijven, ontpit
- ½ doos zonnebloemscheuten, ongeveer 45 gram
- eetlepel olijfolie
- ½ eetlepel limoensap

Routebeschrijving

a) Snijd de bloemkool in grote stukken en pulseer in de keukenmachine tot hij couscous-achtig wordt. Snijd de tomaten, komkommer en paprika in stukjes.

b) Hak de kruiden. Doe alles in een kom en voeg de olijven en zonnebloemspruiten toe.

c) Besprenkel met olie en een scheutje limoen en meng opnieuw.

60.   Romige courgette pasta

Serveert 2

Ingrediënten:

- 25 g gekiemde erwten
- Courgette

Romige saus:

- ½ kopje (100 ml) pijnboompitten
- 2 eetlepels olijfolie
- 1 eetlepel citroensap
- 3-4 eetlepels water een snufje zout

Routebeschrijving

a) Schil de courgette met een dunschiller. Verwijder de buitenste groene schil. Blijf schillen tot de kern, zodat je reepjes krijgt die lijken op tagliatelle.

b) Doe in een kom en doe er een beetje zout op. Mix de pijnboompitten tot ze fijngemalen zijn. Voeg olijfolie, citroen, water en een snufje zout toe.

c) Mix tot je een saus hebt. Schenk de saus over de courgette. Leg er erwtenscheuten bovenop.

61. Courgette met pompoenpesto

2-3 porties

Ingrediënten:

Pompoenpesto:
- ½ kopje (100 ml) pompoenpitten
- ⅜ kopje (75 ml) olijfolie
- 1 eetlepel citroensap
- 1 snufje zout 1 bosje basilicum

Topping:
- 7 zwarte olijven
- 5 cherrytomaatjes

Routebeschrijving

a) Maal de pompoenpitten in een keukenmachine tot een fijne bloem. Voeg olijfolie, citroen en zout toe en mix tot alles goed gemengd is. Stop af en toe om de zijkanten af te schrapen. Voeg de basilicumblaadjes toe.

b) Breng op smaak met meer olijfolie, zout en citroen. Bewaar de pesto in een afgesloten pot. In de koelkast is het ongeveer een week houdbaar.

c) Schil de buitenkant van de groene courgette met een dunschiller. Blijf schillen tot de kern. Bewaar de kern en gebruik deze voor je lunchsalade voor de volgende dag. Roer courgette en pesto door elkaar en garneer met olijven en cherrytomaatjes.

SALADES

62. Kool met cranberry

1 portie

Ingrediënten:

- ½ kleine koolkop
- 1 eetlepel olijfolie
- 2 theelepels citroensap
- ½ eetlepel appelciderazijn
- ½ kopje (100 ml) veenbessen, vers of bevroren en ontdooid
- ¼ kopje (50 ml) pompoenpitten, geweekt

Routebeschrijving

a) Snijd de kool fijn en doe in een kom. Schenk de olijfolie, het citroensap en de appelciderazijn erbij. Meng met je handen tot de kool zacht wordt.

b) Voeg de veenbessen en pompoenpitten toe en meng.

63. Pittige Groente Salade

Ingrediënten

- pittige mix - olie verhitten, mosterdzaad toevoegen, als ze knappen komijnzaad toevoegen, dan kerrieblaadjes en asafoetida
- Zout en suiker
- Citroen/limoensap
- Verse korianderblaadjes
- Vers geraspte kokos
- Geroosterde pindapoeder of hele geroosterde pinda's
- Yoghurt

Routebeschrijving

a) Snijd verse groenten en stoom indien nodig.

b) Voeg eventueel andere ingrediënten naar smaak toe. Voeg op het einde de pittige basismix toe.

c) Meng alles door elkaar en serveer.

64. Salade van rode biet en tomaten

Ingrediënten

- 1/2 kop verse tomaten - gehakt
- 1/2 kop gekookte rode biet - gehakt
- 1 Eetlepels plantaardige olie
- 1/4 Eetlepels mosterdzaad
- 1/4 Eetlepels komijnzaad
- Knijp kurkuma
- 2 snuifje asafoetida
- 4-5 kerrieblaadjes
- Zout naar smaak
- Suiker naar smaak
- 2 eetlepels pindapoeder
- Vers gehakte korianderblaadjes

Routebeschrijving

a) Verhit olie en voeg mosterdzaad toe.

b) Als ze knallen, voeg je de komijn toe, dan de kurkuma, de kerrieblaadjes en de asafoetida.

c) Voeg kruidenmengsel toe aan rode biet en tomaat samen met het pindapoeder plus zout, suiker en korianderblaadjes naar smaak.

65. Salade van kool en granaatappel

Ingrediënten

- 1 kop kool – geraspt
- granaatappel
- $\frac{1}{4}$ Eetlepels mosterdzaad
- $\frac{1}{4}$ Eetlepels komijnzaad
- 4-5 kerrieblaadjes
- Knijp asafoetida
- 1 Eetlepels olie
- Zout en suiker naar smaak
- Citroensap naar smaak
- Verse korianderblaadjes

Routebeschrijving

a) Verwijder de zaadjes uit de granaatappel.
b) Meng granaatappel met kool.
c) Verhit olie in een pan en voeg de mosterdzaadjes toe. Als ze knappen, voeg je het komijnzaad, de kerrieblaadjes en de asafoetida toe. Voeg het kruidenmengsel toe aan de kool.
d) Voeg naar smaak suiker, zout en citroensap toe. Goed mengen.
e) Garneer eventueel met koriander.

66.   Wortel-granaatappelsalade

Ingrediënten

- 2 wortelen - geraspt
- granaatappel
- ¼ Eetlepels mosterdzaad
- ¼ Eetlepels komijnzaad
- 4-5 kerrieblaadjes
- Knijp asafoetida
- 1 Eetlepels olie
- Zout en suiker naar smaak
- Citroensap - naar smaak
- Verse korianderblaadjes

Routebeschrijving

a) Verwijder de zaadjes uit de granaatappel.
b) Meng granaatappel met wortel.
c) Verhit olie in een pan en voeg de mosterdzaadjes toe. Als ze knappen, voeg je het komijnzaad, de kerrieblaadjes en de asafoetida toe. Voeg het kruidenmengsel toe aan de wortel.
d) Voeg naar smaak suiker, zout en citroensap toe. Goed mengen.
e) Garneer eventueel met koriander.

67.   Komkommer-pindasalade

Ingrediënten

- 2 komkommers – geschild en in stukjes
- Suiker en zout naar smaak
- 2 -3 Eetlepels geroosterde pindapoeder – of naar smaak
- 1 Eetlepels olie
- 1/8 Eetlepels mosterdzaad
- 1/8 Eetlepels komijnzaad
- Knijp asafoetida
- 4-5 kerrieblaadjes
- Citroensap – naar smaak

Routebeschrijving

a) Verhit de olie in een pan. Voeg de mosterdzaadjes toe. Als ze knappen, voeg je het komijnzaad, de asafoetida en de kerrieblaadjes toe.

b) Voeg het kruidenmengsel toe aan de komkommers.

c) Voeg naar smaak zout, suiker en citroen toe.

d) Voeg het pindapoeder toe en meng goed.

68. Salade van komkommer, tomaat en yoghurt

Ingrediënten

- 2 komkommers gesneden
- 1 tomaat in stukjes
- 2 Eetlepels gewone yoghurt
- 2 eetlepels geroosterde pindapoeder
- Zout en suiker naar smaak
- 1 Eetlepels olie
- $\frac{1}{4}$ Eetlepels mosterdzaad
- $\frac{1}{2}$ Eetlepels komijnzaad
- 4-5 kerrieblaadjes
- Knijp asafoetida
- Verse koriander

Routebeschrijving

a) Meng de komkommer, tomaat en yoghurt door elkaar.
b) Verhit in een aparte pan de olie en voeg de mosterdzaadjes toe. Als ze knappen, voeg je het komijnzaad, de kerrieblaadjes en de asafoetida toe.
c) Meng het kruidenmengsel met het komkommermengsel.
d) Voeg het pindapoeder, zout, suiker en yoghurt toe.
e) Garneer met korianderblaadjes.

SOEPEN

69.   Zonnewende Aardappelsoep

Ingrediënten:

- 1 kwart aardappelen gesneden 1 kwart selderij gesneden
- kwart uien gesneden
- 1/8 kop rauwe gehakte knoflook
- 1/8 kopje bakolie
- 1 eetlepels chilipoeder
- 1 eetlepel kurkuma
- 1 eetlepel komijn
- 1 eetlepel koriander Snufje cayennepeper
- Zout

Routebeschrijving:

a) Leg de groenten in een grote pan met de aardappelen op de bodem. Vul met water en voeg zout toe.

b) Breng aan de kook en kook tot de groenten gaar zijn. Bak ondertussen de chilipoeder, kurkuma, komijn, koriander en cayennepeper in de frituurolie en voeg toe aan de soep.

c) Voeg op het einde voor het serveren knoflook toe.

70. Bietensoep

Ingrediënten

- 1 grote biet
- 1 kopje water
- 2 snufje komijnpoeder
- 2 snufjes peper
- 1 snufje kaneel
- 4 snufjes zout
- Knijp citroen
- ½ Eetlepels ghee

Routebeschrijving

a) Kook de rode biet en schil hem. Meng met het water en filter indien gewenst.

b) Kook het mengsel, voeg de overige ingrediënten toe en serveer.

71.   Karnemelk en Kikkererwtensoep

Ingrediënten

- 3 kopjes karnemelk
- 1/2 kopje kikkererwtenmeel
- 5-6 kerrieblaadjes
- 2 kruidnagels
- 1/8 Eetlepels kurkuma
- 1/4 Eetlepels komijn
- $\frac{1}{8}$ Eetlepels asafoetida
- 1 Eetlepels geraspte gember
- Zout naar smaak

Routebeschrijving

a) Meng de karnemelk en het kikkererwtenmeel tot er geen klontjes meer zijn.

b) Verhit de olie en voeg komijn, asafoetida, kerrieblaadjes, kruidnagel en kurkuma toe.

c) Voeg gember en zout toe en kook een minuut.

d) Voeg het kruidenmengsel toe aan het mengsel van karnemelk en kikkererwten. Kook de soep op middelhoog vuur. Als de soep begint te rijzen en koken is de soep klaar.

72. Gemengde Dalsoep

Ingrediënten

- 1/2 kopje dal
- 1 ½ kopje water
- ½ Eetlepels kurkuma
- 1 Eetlepels olie
- ½ Eetlepels mosterdzaad
- ½ Eetlepels komijnzaad
- 5-6 kerrieblaadjes
- ½ Eetlepels gember - geraspt
- ½ Eetlepels korianderpoeder
- Knijp asafoetida
- 1 tomaat in stukjes
- Vers geraspte kokos optioneel
- Zout en rietsuiker/bruine suiker naar smaak
- Verse koriander

Routebeschrijving

a) Doe water en dal in een grote pan of snelkookpan en voeg kurkuma toe. Breng aan de kook en kook tot het dal zacht is.
b) Verhit in een aparte pan de olie, voeg het mosterdzaad toe, dan komijnzaad, kerrieblaadjes, gember, korianderpoeder en asafoetida. Voeg de tomaat toe en bak 5 minuten mee.
c) Voeg het tomatenmengsel toe aan het dal. Voeg naar smaak kokos, zout en rietsuiker toe.
d) Garneer met verse koriander en kokos.

73.   Koepel-rustgevende soep

Ingrediënten
- 1 eetlepel extra vergine olijfolie
- 1 gele ui, gesnipperd
- 2 teentjes knoflook, fijngehakt
- 2 (9-ounce) zakken babyspinazie
- 1 handvol verse munt, grof gehakt
- 2 plakjes gember, ongeveer de grootte van een kwart, geschild (optioneel)
- 1 kop kippenbouillon
- 2 snufjes zout

Routebeschrijving

a) Verhit de olie in een pan op middelhoog vuur. Voeg ui en knoflook toe en bak tot de ui glazig is. Pas op dat de knoflook niet verbrandt.

b) Voeg spinazie, munt en gember toe, indien gebruikt. Als de spinazie begint te slinken, voeg je bouillon of water en zout toe. Als de spinazie helemaal gaar is, haal van het vuur. Mix met een staafmixer of doe het in porties in een blender en pureer tot een gladde massa.

74.   Hele Mung Soep

Ingrediënten

- ½ kopje mungbonen, heel
- 1 kopje water
- ¼ Eetlepels komijnpoeder
- 4-6 druppels citroen
- ½ Eetlepels boter/ghee - optioneel
- Zout naar smaak

Routebeschrijving

a) Week de mungbonen een nacht of 10 uur.

b) Kook de mungbonen in het water of in een snelkookpan (2 fluitjes) tot ze zacht zijn.

c) Meng de mungbonen en het water tot een glad mengsel. Aan de kook brengen.

d) Voeg citroen, komijnpoeder, boter/ghee en zout toe.

75. Gouden Kurkuma Bloemkoolsoep

Ingrediënten

- 6 volle kopjes bloemkoolroosjes
- 3 teentjes knoflook, fijngehakt
- 2 eetlepels plus 1 eetlepels druivenpit-, kokos- of avocado-olie, verdeeld
- 1 Eetlepels kurkuma
- 1 Eetlepels gemalen komijn
- $\frac{1}{8}$ Eetlepels gemalen rode pepervlokken
- 1 middelgrote gele ui of venkelknol, gesnipperd
- 3 kopjes groentebouillon
- $\frac{1}{4}$ kopje volle kokosmelk, geschud, om te serveren

Voorbereiding

a) Verwarm de oven voor op 450°. Meng in een grote kom bloemkool en knoflook met 2 eetlepels olie tot ze goed bedekt zijn. Voeg kurkuma, komijn en rode pepervlokken toe en gooi om gelijkmatig te coaten. Verspreid bloemkool op een bakplaat in een enkele laag en bak tot ze bruin en zacht zijn, 25-30 minuten.

b) Verhit ondertussen in een grote pan of Nederlandse oven de resterende 1 eetlepels olie op middelhoog vuur. Voeg de ui toe en kook 2-3 minuten, tot hij glazig is.

c) Als de bloemkool gaar is, haal je hem uit de oven. Reserveer 1 kop tot soep. Neem de resterende bloemkool en voeg deze toe aan een middelgrote pan met ui en giet de groentebouillon erbij. Breng aan de kook, dek af en kook op laag vuur, 15 minuten.

d) Mix de soep tot een gladde puree met een staafmixer, of laat hem afkoelen en pureer in porties met een gewone blender.

e) Serveer gegarneerd met gereserveerde geroosterde bloemkool en een scheutje kokosmelk.

76. Pittige Gember Noodle Soep

Porties: 5 personen

Ingrediënten
- 1/4 kopje sesamolie
- 1 1/2 kop paksoi stelen en groen gehakt tot stukjes van 1 inch
- 1 rode paprika ontsteeld, fijngesneden
- 12 sperziebonen uiteinden bijgesneden, gehalveerd
- 1 jalapeño zonder zaadjes, steeltjes verwijderd, fijngehakt
- 7 kopjes water
- 1/2 Eetlepels chilipasta
- 1 kop tamari
- 1/2 kop gember gehakt
- 2 eetlepels kokossuiker
- 1/4 kopje limoensap
- 12 Oz stevige tofu fijngehakt
- 1 1/4 beukenzwammen getrimd
- 2 Oz rijstnoedels in stukken van 1 inch gebroken
- 1/4 kop lente-uitjes
- 2 Eetlepels koriander fijngehakt

Routebeschrijving
a) Verhit olie in een middelgrote niet-reactieve soeppan op middelhoog vuur tot het kookt.
b) Voeg paksoi, peper, sperziebonen en jalapeño toe. Bak gedurende 10 minuten, vaak omscheppend, tot de groenten zacht zijn. Voeg water, chilipasta, tamari, gember, kokossuiker en limoensap toe en breng de bouillon onder af en toe roeren aan de kook.

c) Voeg tofu, champignons en gebroken rijstnoedels toe. Breng de soep weer aan de kook en draai het vuur laag. Kook 8-10 minuten, tot de noedels zacht zijn.
d) Haal de soep van het vuur en roer er verse kruiden door. Wacht twee minuten en serveer.

77.   Immuniteit Soep

Opbrengst voor 8

Ingrediënten
- 2 eetlepels olijfolie
- 1 1/2 kopjes gesnipperde ui
- 3 stengels bleekselderij, in dunne plakjes
- 2 grote wortelen, in dunne plakjes
- 1-pond voorgesneden vitamine D-versterkte champignons
- 10 middelgrote teentjes knoflook, fijngehakt
- 8 kopjes ongezouten kippenbouillon
- 4 takjes tijm
- 2 laurierblaadjes 1 blikje ongezouten kikkererwten, uitgelekt
- 2 pond kippenborsten zonder vel, zonder been
- 1 1/2 theelepels koosjer zout
- 1/2 theelepel gemalen rode peper
- 12 ons boerenkool, stelen verwijderd, bladeren gescheurd

Routebeschrijving
a) Verhit olie in een grote Nederlandse oven op middelhoog vuur

b) Voeg ui, selderij en wortelen toe; kook, af en toe roerend, 5 minuten. Voeg champignons en knoflook toe; kook, vaak roerend, 3 minuten. Roer de bouillon, tijm, laurierblaadjes en kikkererwten erdoor; aan de kook brengen. Voeg kip, zout en rode peper toe; dek af en laat sudderen tot de kip gaar is, ongeveer 25 minuten.

c) Haal de kip uit de Nederlandse oven; enigszins afkoelen. Versnipper vlees met 2 vorken; botten weggooien. Roer kip en boerenkool door de soep; dek af en laat sudderen tot boerenkool net zacht is, ongeveer 5 minuten. Gooi de takjes tijm en laurierblaadjes weg.

78. **Spinaziesoep**

Serveert 2

Ingrediënten

- 4 inch (10 cm) komkommer
- 2 avocado's
- 3 ons (100 g) babyspinazie
- 10-13 fluid ounces (300-400 ml) water
- 2 eetlepels peterselie, gehakt
- ½ bosje verse basilicum
- 2 eetlepels bieslook, gesnipperd
- ½ eetlepel limoensap een snufje zout
- Snijd komkommer en avocado in grote stukken.

Routebeschrijving

a) Meng spinazie en water in een blender of keukenmachine, te beginnen met 300 ml water. Voeg de overige ingrediënten toe en mix opnieuw.

b) Voeg beetje bij beetje meer water toe om de juiste consistentie te krijgen en proef of er meer limoen of zout nodig is.

79.   Energiesoep

1 portie

Ingrediënten:

- 1 stengel bleekselderij
- 1 appel
- ½ komkommer
- 1 ounce (40 g) spinazie ½ kopje (100 ml) alfalfaspruiten eetlepels citroensap
- ½ -2 kopjes (300-500 ml) water
- avocado
- kruidenzout naar smaak

Routebeschrijving

a) Snijd de bleekselderij, appel en komkommer in stukjes. Meng alle ingrediënten behalve de avocado, te beginnen met 300 ml water.

b) Voeg de avocado toe en mix opnieuw. Voeg indien nodig meer water toe en breng op smaak met kruidenzout.

DESSERTS

80. Johannesbroodmousse met avocado

1 portie

Ingrediënten:

- 1 eetlepel kokosolie
- ½ kopje (100 ml) water
- 5 data
- 1 eetlepel johannesbroodpoeder
- ½ theelepel gemalen vanillestokje 1 avocado
- ¼ kopje (50 ml) frambozen, vers of bevroren en ontdooid

Routebeschrijving

a) Maak de kokosolie vloeibaar boven een warme dubbele boiler. Meng water en dadels in de keukenmachine.
b) Voeg de kokosolie, het johannesbroodpoeder en het gemalen vanillestokje toe en meng opnieuw.
c) Voeg als laatste de avocado toe en mix nog even door.
d) Serveer in een kom met de frambozen.

81. Moerbei appels

Ingrediënten:

- 2 appels
- 1 theelepel kaneel
- ½ theelepel kardemom
- 4 eetlepels moerbeien

Routebeschrijving

a) Rasp de appels grof en meng met de kruiden.
b) Voeg de moerbeien toe en laat een half uur staan voordat je ze serveert.

82. Bosbessen en Griekse Yoghurt Muffins

Opbrengst: 6 muffins

Ingrediënten:

- 1/3c witte bloem + 1 eetlepels (gereserveerd)
- 1/3 c tarwebloem
- 2/3 kop eiwitpoeder
- 1/2 Eetlepels bakpoeder
- 1/4 Eetlepels zout
- 1/2 kopje gewone volle melk Griekse yoghurt
- 1 ei
- 1/2 kop appelmoes
- 1/3 kopje suiker
- 1 Eetlepels vanille
- 1 kopje bosbessen, vers of bevroren

Routebeschrijving

a) Verwarm de oven voor op 400 graden. Bekleed een muffinvorm met voeringen of gebruik een antiaanbakspray.
b) Meng in een grote kom bloem, eiwitpoeder, bakpoeder en zout.
c) Klop in een middelgrote kom yoghurt, ei, appelmoes, suiker en vanille door elkaar.
d) Voeg natte ingrediënten toe aan het bloemmengsel en mix tot het net gemengd is.
e) Plaats bosbessen in een kleine kom en bedek met gereserveerde 1 eetlepels bloem.
f) Spatel de bosbessen voorzichtig door het beslag.

g) Vul de voorbereide muffinvorm en vul elke muffin bijna tot aan de bovenkant. Dit zou ongeveer 6 muffins moeten maken, afhankelijk van de grootte van je muffinvorm.

h) Bak muffins op 400 gedurende 18-20 minuten tot ze goudbruin zijn en een erin gestoken tandenstoker er schoon uitkomt.

83. Pittige worteltaart

Serveert 4

Ingrediënten:

- ¼ kopje (50 ml) kokosolie
- 6 wortelen
- 2 rode appels
- 1 theelepel gemalen vanillestokje
- 4 verse dadels
- 1 eetlepel citroensap schil van een citroen, fijn geraspt
- 1 kop (50 ml) goji-bessen

Routebeschrijving

a) Maak de kokosolie in vloeibare vorm.
b) Snijd de wortelen in grote stukken en mix ze in de keukenmachine tot ze grof gehakt zijn. Voeg de appel toe, snij in grote stukken en meng opnieuw. Voeg de overige ingrediënten toe en verwerk tot alles gemengd is.
c) Voeg indien nodig meer citroen en gemalen vanillestokje toe. Verdeel het beslag over een schaal en zet een paar uur voor het serveren in de koelkast. Garneer met gojibessen.

84.   Cranberry crème

1 portie

Ingrediënten:

- Avocado
- 1½ kopje (100 ml) veenbessen, geweekt
- 1-2 theelepels citroensap
- ½ kopje (100 ml) frambozen, vers of bevroren

Routebeschrijving

a) Meng avocado, cranberry en citroensap door elkaar. Voeg indien nodig water toe om een romige consistentie te krijgen.

b) Doe in een kom en garneer met frambozen.

85. Makkelijk Appel Dessert

Ingrediënten:

- ½ kopje (42 g) graham crackers, geplet
- 5 appels, klokhuis en geschild
- ½ theelepel (1,2 g) kaneel
- ¼ theelepel (0,5 g) piment
- ¼ kopje (40 g) rozijnen
- ⅓ kopje (80 ml) appelsap

Routebeschrijving

a) Spuit een magnetronbestendige taartplaat in met plantaardige oliespray met antiaanbaklaag. Verdeel de crackerkruimels over het bord. Bedek met appelschijfjes.

b) Bestrooi met kaneel en piment. Verdeel de rozijnen erover. Overgiet met sap. Dek af en magnetron gedurende 15 minuten.

86. Appel Tapioca

Ingrediënten:

- 4 kopjes (600 g) appels, geschild en in plakjes
- ½ kopje (115 g) bruine suiker
- ¾ theelepel (1,7 g) kaneel
- 2 eetlepels (1 g) tapioca
- 2 eetlepels (30 ml) citroensap
- 1 kop (235 ml) kokend water

Routebeschrijving

a) Gooi appels in een middelgrote kom met bruine suiker, kaneel en tapioca tot ze gelijkmatig zijn bedekt. Doe appels in een slowcooker. Giet er citroensap over.

b) Giet in kokend water. Kook op hoog gedurende 3 tot 4 uur.

87. Zoete Aardappel Pudding

Ingrediënten:

- ¾ kopje (150 g) suiker
- ½ kopje (120 ml) eiervanger
- ½ kopje (120 ml) kokosmelk
- 1 eetlepel (15 ml) limoensap
- ¼ kopje (60 ml) rum
- ½ theelepel (2,3 g) bakpoeder
- ½ theelepel (1,2 g) kaneel
- ¼ kopje (40 g) rozijnen

Routebeschrijving

a) Verwarm de oven voor op 350 ° F (180 ° C of gasstand 4). Voeg aan aardappelpuree afwisselend suiker en eiervanger toe en meng goed na elke toevoeging. Voeg kokosmelk toe. Meng goed. Meng limoensap en rum. Goed mengen.

b) Combineer bakpoeder en kaneel en voeg toe aan het aardappelmengsel, samen met de rozijnen. Goed mengen. Giet het mengsel in een ingevette buiscake of Bundt-pan en bak 50 minuten, of tot het gaar is.

88.   Gebakken Appels

Ingrediënten:

- 6 appels
- ¼ kopje (60 g) bruine suiker
- ½ kopje (80 g) rozijnen
- ½ theelepel (1,2 g) kaneel
- ¼ theelepel (0,6 g) nootmuskaat
- 1 eetlepel (14 g) ongezouten margarine

Routebeschrijving

a) Verwarm de oven voor op 350 ° F (180 ° C of gasstand 4). Was en ontpit appels; plaats in een ondiepe ovenschaal. Combineer bruine suiker, rozijnen, kaneel en nootmuskaat in een kleine kom. Vul het midden van elke appel met het bruine suikermengsel en besprenkel met ½ theelepel (2 g) margarine.

b) Voeg net genoeg water toe aan de ovenschaal om de bodem te bedekken; bak, onbedekt, gedurende 30 minuten, of tot de appels zacht zijn, bedruip af en toe met sappen.

89.   Honing Gegrilde Appels

Ingrediënten:

- 4 appels
- 1 eetlepel (15 ml) honing
- 2 eetlepels (30 ml) citroensap
- 1 eetlepel (14 g) ongezouten margarine

Routebeschrijving

a) Kern appels en snijd plakjes door de schil om elke appel op sinaasappelpartjes te laten lijken. Meng de honing, het citroensap en de margarine.

b) Schep het mengsel in de klokhuizen. Wikkel appels in ingevette aluminiumfolie voor zwaar gebruik, vouw ze op en sluit ze af. Grill tot ze zacht zijn, ongeveer 20 minuten.

90. Appeltaart

Ingrediënten:

- 4 appels, geschild en in plakjes
- 1 theelepel (2,3 g) kaneel
- ½ kopje (100 g) plus
- 1 eetlepel (13 g) suiker, verdeeld
- ¼ kopje (60 ml) eivervanger
- ¼ kopje (56 g) ongezouten margarine, gesmolten
- ½ theelepel (2,3 g) bakpoeder
- 1 kop (125 g) bloem

Routebeschrijving

a) Verwarm de oven voor op 350 ° F (180 ° C of gasstand 4). Doe de appels in een kom. Voeg kaneel en 1 eetlepel (13 g) suiker toe en meng goed. Giet in een 10-inch (25-cm) glazen taartplaat bedekt met plantaardige olie met anti-aanbaklaag. Klop in dezelfde kom de eivervanger los.

b) Voeg gesmolten margarine, de resterende ½ kopje (100 g) suiker, bakpoeder en bloem toe. Giet over appels. Bak gedurende 40 tot 45 minuten, of tot ze goudbruin zijn en een houten prikker die in het midden is gestoken er schoon uitkomt.

91. Taartkorst met verlaagd vetgehalte

Ingrediënten:

- ⅓ kopje (80 ml) koolzaadolie
- 1⅓ kopjes (160 g) bloem
- 2 eetlepels (30 ml) koud water

Routebeschrijving

a) Voeg olie toe aan bloem en meng goed met een vork. Sprenkel er water over en meng goed. Druk het deeg met je handen tot een bal en druk het plat. Rol tussen twee stukken vetvrij papier.

b) Verwijder het bovenste stuk vetvrij papier, keer de taartplaat om en verwijder het andere stuk vetvrij papier. Druk op zijn plaats. Voor taarten die geen gebakken vulling nodig hebben, bak op 400 ° F (200 ° C of gasstand 6) gedurende 12 tot 15 minuten, of tot ze lichtbruin zijn.

KRUIDEN EN KRUIDENMENGSELS

92.   Vetarme witte saus

Ingrediënten:

- 6 eetlepels (48 g) bloem
- 3 kopjes (710 ml) magere melk, verdeeld
- ¼ theelepel (0,6 g) gemalen nootmuskaat
- ¼ kopje (60 ml) eiervanger

Routebeschrijving

a) Klop in een pan met dikke bodem de bloem om eventuele klontjes te verwijderen. Voeg geleidelijk 1 kop (235 ml) melk toe en klop tot een gladde massa. Voeg de resterende 2 kopjes (475 ml) melk en nootmuskaat toe. Kook op middelhoog vuur, onder voortdurend roeren, ongeveer 10 minuten, tot het mengsel dikker wordt en kookt.

b) Haal van het vuur. Klop een beetje van het mengsel door de eiervanger. Voeg vervolgens het eiervervangende mengsel toe aan de rest van het witte sausmengsel, onder voortdurend roeren. Breng op smaak.

93.   Vetarme Kaassaus

Ingrediënten:

- 2 kopjes (475 ml) magere melk
- 2 eetlepels (16 g) maizena
- 1 kop (120 g) magere cheddar kaas, versnipperd
- 8 ons (225 g) vetvrije roomkaas, in blokjes

Routebeschrijving

a) Meng de melk en het maizena in een pan. Breng langzaam tot bijna het kookpunt, onder voortdurend roeren. Kook op deze temperatuur tot de melk begint in te dikken.

b) Haal van het vuur en roer de kazen erdoor. Laat staan tot de kaas smelt en roer of klop tot een gladde massa.

94. Tofu Mayonaise

Ingrediënten:

- ½ pond (225 g) stevige tofu
- ½ theelepel (1,5 g) droge mosterd
- ⅛ theelepel (0,3 g) cayennepeper
- 2 eetlepels (30 ml) vers citroensap
- 2 eetlepels (30 ml) olijfolie
- 2 eetlepels (30 ml) water

Routebeschrijving

a) In een keukenmachine of blender, verwerk tofu, mosterd, cayennepeper en citroensap tot het gemengd is. Voeg, terwijl de machine nog draait, heel langzaam olie toe en voeg dan water toe.

b) Mixen tot een gladde substantie. Stop de machine een paar keer tijdens de verwerking en schraap de zijkanten. In een luchtdichte verpakking tot 3 maanden houdbaar.

95. Romige Citroensaus

Ingrediënten:

- 1 kop (230 g) vetvrije zure room
- 1 theelepel (1,7 g) geraspte citroenschil
- 2 eetlepels (30 ml) citroensap
- ½ theelepel (2 g) suiker

Routebeschrijving

a) Meng in een middelgrote kom zure room, citroenschil, citroensap en suiker; mix tot het goed gemengd is.

96. Romige Kippensaus Met Verminderd Vet

Ingrediënten:

- 2 eetlepels (20 g) ui, fijngehakt
- ½ kopje (120 ml) natriumarme kippenbouillon
- ⅓ kopje (40 g) bloem
- 2 kopjes (475 ml) magere melk
- ½ kopje (120 ml) droge witte wijn
- 1 theelepel (2 g) kippenbouillon

Routebeschrijving

a) Kook ui en bouillon in een pan van 946 ml tot de vloeistof bijna helemaal is weggekookt. Klop in een kleine kom bloem met de melk.

b) Voeg toe aan het uienmengsel in de pan en blijf koken, al kloppend, tot de saus begint in te dikken. Voeg wijn en bouillon toe en roer door elkaar.

97. Kwarksaus

Ingrediënten:

- 1 kop (226 g) magere kwark
- 1 kop (235 ml) magere melk
- 2 eetlepels (30 ml) water
- 2 eetlepels (16 g) maizena

Routebeschrijving

a) Mix de kwark en melk in de blender. Giet in een pan en verwarm bijna tot aan de kook. Opzij zetten. Voeg het water toe aan de maizena en mix tot een pasta. Voeg toe aan het kwarkmengsel in de pan en roer goed.

b) Kook 10 minuten, onder voortdurend roeren tot het ingedikt is.

98. Cabernetsaus

Ingrediënten:

- ¼ kop (40 g) ui, gesnipperd
- ¾ kopje (53 g) champignons, in plakjes
- 1 eetlepel (8 g) bloem
- ½ kopje (120 ml) Cabernet sauvignon
- ¼ kopje (60 ml) natriumarme kippenbouillon
- 1 eetlepel (2,7 g) gedroogde tijm

Routebeschrijving

a) Spuit een middelgrote koekenpan met antiaanbaklaag in met olijfoliespray. Bak op middelhoog vuur uien en champignons tot ze zacht zijn, ongeveer 4 tot 5 minuten. Voeg bloem toe aan de pan en meng met groenten tot het is opgelost. Verhoog het vuur en voeg de wijn toe. Kook 1 minuut.

b) Voeg de bouillon en tijm toe. Kook 4 minuten om de vloeistof te verminderen en in te dikken. Voeg peper naar smaak toe. Lepel saus over biefstuk.

99. Geroosterde Rode Pepersaus

Ingrediënten:

- 4 rode paprika's
- ½ kopje (115 g) vetvrije zure room
- ¼ theelepel (0,5 g) zwarte peper
- ½ theelepel (1,6 g) knoflookpoeder

Routebeschrijving

a) Verwarm de grill voor. Leg de paprika's op een bakplaat en rooster ze tot de schil zwart wordt en blaren vormt, vaak kerend. Doe het in een papieren zak en sluit het tot het is afgekoeld om de huid los te maken. Verwijder de schil en plaats de paprika's in een blender of keukenmachine en verwerk tot een gladde massa.

b) Voeg resterende ingrediënten toe; goed mengen. Kan worden verwarmd of koud over vlees of pasta worden gebruikt.

100. Vetvrije Fajita Marinade

Ingrediënten:

- ¼ kopje (60 ml) rode wijnazijn
- 2 eetlepels (30 ml) Worcestershire-saus
- 2 eetlepels (30 ml) citroensap
- 2 eetlepels (30 ml) limoensap
- ½ theelepel (1 g) zwarte peper
- 1 eetlepel (4 g) koriander
- 1 eetlepel (7 g) komijn
- 1 theelepel (3 g) knoflookpoeder
- 1 theelepel (1 g) gedroogde oregano

Routebeschrijving

a) Meng de ingrediënten en gebruik ze om rundvlees of kip minstens 6 uur of 's nachts te marineren.

CONCLUSIE

Het cholesterolarme dieet is ontworpen om het cholesterolgehalte van een persoon te verlagen. Cholesterol is een wasachtige substantie die door de lever wordt aangemaakt en ook via de voeding wordt verkregen. Cholesterol lost niet op in bloed. In plaats daarvan beweegt het door de bloedsomloop in combinatie met dragerstoffen die lipoproteïnen worden genoemd. Er zijn twee soorten combinaties van drager-cholesterol, lipoproteïne met lage dichtheid (LDL) of "slechte" cholesterol en lipoproteïne met hoge dichtheid of "goede" cholesterol.

Studies hebben consequent aangetoond dat het verlagen van LDL-cholesterol het risico op cardiovasculaire sterfte, hartaanvallen, beroertes en de noodzaak van hartkatheterisaties of bypass-operaties vermindert. Dit is aangetoond bij patiënten met een vastgestelde coronaire hartziekte, evenals bij patiënten met een hoog risico zonder coronaire hartziekte.